その指導は、しない

That Practice
Education
Not Good
by Megane Danna

めがね旦那 著

東洋館出版社

まえがき　僕のクラスのあたりまえ

僕のクラスの教育実践は他のクラスのそれとは大きく異なっています。いくつか例をあげてみます。

・宿題以外はすべて置き勉してもいい

↓持って帰られた教科書はほとんど開かれない

・宿題の量は自分で決めることができる

↓習い事で忙しい、家で落ち着いて宿題ができない、家庭環境はそれぞれ

・授業中に水分補給してもいい

↓むしろ飲んではいけない理由が思いつかない

・授業中にトイレへ行くのも自由

↓生理現象なんだから仕方がない。そもそも行かせないのは体罰

・**黒板の内容をノートに写す必要なし**
↓写すという行為の学習効果は薄くすぐに忘れてしまう。写しながら聞くのも難しい
・**授業開始の「礼」はしない**
↓毎日毎日「礼」をしていたら「礼」のありがたみがなくなる
・**チャイムが鳴れば必ず授業は終わる**
↓時間を守れない人は信用されない
・**テストは2回受けられる**
↓テストは成績をつけるための道具ではありません。2回受けて学習定着効果も
・**先生が声を張り上げて指導しない**
↓か弱い子どもたちに大人が怒鳴ってしまうのは体罰です

他のクラスとの差異をあげだしたら枚挙にいとまがないほどです。しかし、そんな教育実践をしていても、特に混乱はなく、何より子どもたちは生き生きと学校生活を送っています。前年度まで欠席がちで不登校だった子どもも、毎日、登校するようになりました。

それまで授業の面白さを感じることができなかった子どもも授業を楽しいと言っていました。

もちろん、良い言葉だけを見繕ってここに書き出したらそれはそれは素晴らしい実践に見えるかもしれません。しかし、万能な教育実践なんてあり得ません。僕のクラスにも「めがね先生と合わない」なんて感じる子どもがいたのかもしれないし、保護者の中には「そんなに自由にさせて大丈夫かしら…」なんて不安の声も上がっていました。僕の教育実践はまだまだ発展途上です。これからもっともっと良くなるはずです。

全国に何十万あるクラスの中には、こんなクラスもあるんだなと知ってほしい。

教育を変えたいなんて大それたことは言いません。１００年以上も続いてきた制度です。そんなに簡単に教育は変えられません。しかし、先生や保護者、一人一人の「教育観」なら少しは変えられるかもしれない。そうして少しずつ少しずつ教育をアップデートしていくことならできるのかもしれない。僕がTwitterで「めがね旦那」としてつぶやき続けているのは、そうした願いもあるのかもしれないなと、このまえがきを書きながら考えていました。

お好きなページからお読みください。そして、感じたことをTwitterの「めがね旦那」までお知らせください。僕はあなたのスマホやパソコンの向こう側にいます。

Twitterアカウント

目次

第１章　学習規律編

あいさつの必要性

キーンコーンカーンコーン

「起立、これから一時間目の授業を始めます、礼」

よくある授業開始のあいさつだと思います。そして、**僕はこれに必要性をまったく感じない**ので自分のクラスではあいさつをしていません。チャイムが鳴って、子どもたちが運動場からぞろぞろと帰ってきて、ある程度落ち着いたら、そのまま授業を開始します。

すると、その光景を見た管理職から質問を受けました。

「めがね先生のクラスでは授業開始のあいさつがないので、授業と休み時間の切り替えができないのではないですか？」

僕の答えは「いいえ、できています。だって、子どもたちは教室に帰って来ています。」

そもそも切り替えとは何でしょうか。人間は機械ではありません。スイッチのオン・オフのような切り替えは難しいでしょう。僕のクラスの子どもたちは授業時間中にはしっかりと授業を受けています。急に運動場へ遊びに行ってしまうこともありません。これで授業への切り替えはできているのではないでしょうか。つまり、切り替えとはあいさつによって行われるわけではなく、チャイムだったり時間で行われるべきものだと思うのです。

あいさつをしたら授業への集中力が増すのでしょうか。その答えは「増す子もいるし、別に影響しない子もいる」だと思います。それならば、授業開始のあいさつを必ずしなければならないかと問われれば、そこには考える余地が残されていそうです。

休み時間と授業時間での「気持ちの切り替え」が必要だとも思いません。どうして気持ちをわざわざ切り替えないといけないのでしょうか。授業と遊びは全くの別物なのでしょうか。僕はそうは思わないのです。

例えば、理科の学習で「風とゴムのはたらき」を学習するときは、車に帆を付けて風をあてるとどれくらい進むのかや、ゴムをどう引っ張れば車が進むのかなどを、子どもたちは「遊び」ながら体感していきます。このとき、僕はあえて「実験」という言葉は使いません。「さあ、遊んでみよう」と声をかけます。もちろん、ある程度、子どもたちに「遊ばせた」あとは、「実験」を見せます。条件を揃えて実験して結果を記録してそれを考察する。でも、いきなり「実験をしなさい」では子どもたちの意欲はどうでしょうか。子どもたちは遊びの中からでも「学ぶ」ことはできるのです。いやむしろ、「遊び」の中からの方がこちらの想像をしていないようなおもしろい実験方法が生まれることもあります。遊びが盛り上がって授業の目標からズレてしまいそうなら正してあげればいい。「遊び」と「授業」の境界線なんて教師側が勝手に引いているものなのかもしれません。

よくある授業開始のあいさつでは、こんな場面も見られます。

「今のあいさつは揃っていないからやり直し」

あいさつを揃える意味はどこにあるのでしょうか。まさか授業の目標に「あいさつを揃える」なんてないとは思いますが（いや、探せばあるかもしれない…）、全員にあいさつをさせている以上、「キレイな」あいさつをさせたい気持ちもわからなくはないです。でも、その指導が授業内容に直接的に関係のない以上、それは教師側のエゴではないかなと思えてしまいます。実際、この手の指導は子どもからの評判が良くないです。教師が納得するまであいさつをさせるなんて子ども側からすればたまったものではありませんよね。

たしかに、日本の文化に「礼」はあります。つまり、この授業開始のあいさつは「文化の伝承」という側面もあるのかもしれません。しかし、一日六時間の授業で、年間２００日以上も「礼」をさせる必要なんてあるのでしょうか。むしろ、それだけの回数の礼をさせていたら礼のもつ意味が薄れてきて、だんだん「形式的」になるのではないかという僕の危惧は、多くの学級の実態とそんなに外れていないと思えてくるのです。

ちなみに、僕は授業終わりのあいさつもしません。子どもたちはチャイムが鳴ったらすぐに休み時間に「気持ちが切り替わり」ます。チャイムが鳴っているのに、あいさつが揃っていないからといってあいさつのやり直しをさせていませんか。当たり前です。子どもたちの気持ちはすでに休み時間に「切り替わって」います。

「トイレへ行っていいですか」の異常性

学校にいるとその異常性に気づかないのですが、子どもたちは一日に何度も先生に「トイレへ行っていいですか？」と聞いてきます。当たり前過ぎて、その言葉の意味を考えることもあまりないかもしれませんが、これに僕はかなりの違和感を覚えてしまいます。学校以外の場面で、我々は誰かに「排泄の許可」をもらうことなどあるでしょうか。

この言葉の裏側にある意味としては、「授業中にトイレへ行くには先生への許可が必要」ということがあるかもしれません。これは「子どもたちの所在の確認」という意味で納得です。フラッと教室の外へ出る子どもがたくさんいては教師も授業がままなりません。授業時間には、子どもたちの安全を確保するのは教師としての仕事の一つです。そういう意味で、子どもが教室の外へ出ることを教師が知るのは必要なことです。でもそれならば、「トイレへ行ってきます」でいいのではないでしょうか。「許可」か「確認」か、この二つに大きな意味を感じない人も多いかもしれませんが、言葉は様々な意味を含んでしまいます。「確認」でいいのなら、聞き方に「許可」の形を取るべきではないと思うのです。

つまり、「許可」の形を取るということは「トイレへ行っていいですか」に対して「今はトイレへ行ってはダメです」という場面が存在してしまいます。そのように排泄の許可を与えない教師側の言い分として「今は授業時間である。トイレは休憩時間に済ませるもの」という「正論」があります。たしかに、マナーとしてそのようなものはないとは言えません。我々も会議などの途中で抜けにくい場合などには排泄をあらかじめ済ませておく人が多いと思います。

しかし、どうでしょう。相手は小学生です。そのマナーをどこまで実践できるのでしょうか。休憩時間の話をすると、学校での授業の間にある子どもたちの休憩時間はわずか10分です。５分の学校もあるそうです。これは授業時間に比べて圧倒的に少ないです。さらに、その10分で子どもたちは、次の授業の準備や移動教室への移動など様々な活動を教師から命じられていることもあります。遊びたい気持ちでいっぱいの子どもからしたら、その10分はあまりにも短い。やはり、排泄を休憩時間に完全に済ませるのが難しい子どもも存在するのだろうなと想像します。

そもそも、子どもが授業時間にトイレへ行くことの問題点はどこにあるのでしょうか。「子どもの所在の確認」でいいのならば、「許可」ではなくて「確認」でいいはず。トイレに行っている間に授業の話が聞けなくて困るとしても、それは子どもが困る訳であり、それで子どもが困るのならば子ども自身が行動を変容したらいい。実は教師は何も「困っていない」のです。あえて、教師側の理由を想像するのならば「私の授業中にトイレへ行くなんて失礼」という思いでしょう。しかし、子どもの中には45分間の授業中、ずっと座りっぱなしに対して我慢ができないという特性をもった子どもがいるのも事実です。そういう子どもは**立ち歩いて「トイレへ行く」ことで気持ちを落ち着け「何とか授業に耐えている」状態**なのです。

僕の授業ではいつでもトイレへ行ってもいいです。そして、子どもたちの中にも「許可」を求める聞き方をする子はいます。そのときは、「これから大切な話をするけど、あと3分だけ我慢できる?」という聞き方をすることもあります。こちらもトイレで離席する子が出るたびに同じ話を何度もするわけにはいかないので、そのように聞くこともありますが、そんな場面は実際にはあまり存在しないので、「いってらっしゃ〜い」と笑顔で送り出します。先程の話でもあったとおり、子どもたちの中には「じっとしている」ことに強いストレスを感じる子どももいます。そういう子は「トイレへ行く」という行為の中に気持ちのリフレッシュを含んでいることもあります。その行為を止めてしまうのは、子どもの気持ちを追いつめることになる可能性もあるので注意が必要です。

「自由にトイレへ行かせたら子どもたちがどんどん行くようになるのではないか」

そんな疑問があるかもしれませんが、それは「トイレへ自由に行けること」が問題なのではなくてトイレへ「逃げ出したくなる」ような「つまらない授業」が問題なのです。そんなことを言われたら身も蓋もないと思われるかもしれませんが、実際、「おもしろい授業」なら多くの子どもたちは休み時間にトイレを済ませていますよ。だって、聞きそびれたくないですすもん。

わからないから教えて下さい

　学校に通う子どもたちが一番最初に覚えないといけない言葉があります。それは「わからないから教えて下さい」です。これは、学校に通う上で一番大切な言葉でもありますし、それは社会に出てからも使えないと大いに困る大切な言葉です。
　我々社会人でも、仕事をする上で「わからないこと」をそのままにしておいて失敗してしまうことはよくあります。この言葉をもっと早く使えていれば…なんて後悔は日常茶飯事です。だからこそ、子どもたちにはこの言葉を安心して使える環境で心置きなく学んで欲しい。しかし残念ながら、子どもたちは教室の中でこの言葉を使わせてもらえないことが多いのです。

「主体的・対話的で深い学び」
　これは、新学習指導要領で示された新しい学習観ですが、現状の多くの教室の授業はまだまだこれには程遠い授業内容だと言ってもいいと思っています。未だに、授業の主役は黒板と教師であり、子どもたちは先生の講義を聞いて、黒板に書かれていることをノートに写すという前時代的な授業を受けさせられています。現場の先生は日々の業務に追われ、自身の指導観だったり児童観をアップデートする機会やその時間を与えられないまま、日々子どもたちの前に立ち続けています。

講義などの「一斉授業」には大きな壁があると思っています。その一つが「個への対応」です。子どもたちの多くは、先生の講義を止めてまで、自身に生まれた問いや疑問点を教師に伝えることが「授業の進行上できない」のです。それをしつこく繰り返してしまえば、かの天才発明家であるトーマス・エジソンのように3ヶ月で小学校にはいられなくなってしまうかもしれません。残念ながら、現代の子どもたちは学校に入って一番最初に身に付けなければならないスキルは「(わからないことが自分の中に生まれても) 黙って先生の話を聞く」なのです。

でも、どうでしょう。子どもたちは「なに？　なぜ？」の生き物です。身の回りのほとんどが未知であるし、知れば知るほどもっと知りたくなるものではないでしょうか。もしかしたら、今の学校の授業スタイルは子どもたちの学びの原動力である「なに？　なぜ？」を奪ってしまっているのかもしれません。

授業のスタイルは様々です。もちろん、その中に「講義形式」のものがあっても全く問題はありません。僕の授業にも講義形式のものはたくさんあります。同じ指導内容を学級の子どもたち全員に伝える必要がある場面なら、講義形式が最も適しています。でも、それが45分間だとどうでしょう。大切なのはその時間配分だと思っています。僕の中の目安は15分です。これ以上は子どもたちの集中力がもちません。短ければ短いほうがいいですが、短すぎて伝わらないこともありますし、そこは「教えるプロ」である教師の腕の見せ所だと思っています。プレゼンテーションのように視覚に訴えるのもいいでしょう。車を作る工場の学習をしているのならば、言葉で説明するよりも動画を見せたほうが理解が早いこともあります。

大切なのは、子どもたちに「わからないから教えて下さい」の時間を作ってあげること

だと思います。そのためにはすべての時間を「一斉授業」にしてはダメなのです。どこかで子どもたちに「主体的」に学ばせてあげる時間を作って、そこで先生が子どもたち一人一人の「なに？　なぜ？」に対して個別に対応できるような時間を意識的に作っていかなければならないのです。そう考えると、実は、我々小学校教員が一番苦手な言葉なのかもしれません。

「わからないから教えて下さい」

一斉授業ばかりの授業スタイルからの脱却へのヒントは、我々のその言葉の先にあるのかもしれません。

授業中の水分補給は悪なのか

授業中の水分補給を禁止にしている学級は多いと思います。主な理由は「秩序の乱れ」でしょうか。しかし、夏場にはまったくの禁止というわけにもいきません。熱中症の心配があるので「許可制」か「水分補給タイム」を設けることもあると思います。**でも、そもそもこのような考え方に大きな違和感を覚えませんか。水分補給は悪なのでしょうか。僕にはそうは思えません。**生命維持に水分補給は欠かせません。喉が乾いた状態で授業に集中して取り組めるでしょうか。学校という空間は「秩序」や「規律」を大切にしてきた結果、逆に子どもたちの「安心して学べる環境」を削っているようなところがあります。

禁止の理由が「秩序の乱れ」であるのならば、学習環境の調整に意識が向いた結果なのですが、仮に禁止の理由が「授業中の水分補給は教師に失礼」などである場合は、いよいよ、その先生側にある価値観をアップデートしないといけないかもしれません。

授業中の水分補給、それは本当に失礼な行為なのでしょうか。それを失礼と感じてしまう先生は、授業とはどういう場であるのかについて考え直す必要があります。子どもたちの健全な学びの環境は主従関係のようなものから生まれるとは到底思えません。特に小学校段階では、子どもも教師もリラックスできるようなそんな学習環境が望ましいのではないでしょうか。

もちろん僕のクラスでは、水分補給はいつだって自由です。僕だって授業をしていたら喉が渇くので授業中にお茶を飲んでいます。それで問題が生じたことは一切ありません。子どもに対して水分補給を禁止している学級の場合、もちろん、教師だって禁止になるのでしょう。これが教師だけ授業中に水分補給が認められるなんて規則にした場合、そもそも禁止にしている合理性がまったくありません。

規則は少ない方がいい。僕はそう考えています。規則が多ければ、我々はその規則一つ一つがしっかりと守られているかを意識し続けないといけません。守られない規則なんて

監視するエネルギー
監視されるストレス
守られない規則
規則は維持するエネルギーとストレスがかかってしまう
……
……
規則は少ない方が、安心して学べる環境を作れる

害悪以外のなにものでもありません。だから、規則は作るよりも、「それを維持するエネルギーがとてもかかる」ということを知っておかないといけません。

必要のない規則は積極的になくしてみましょう。結果、その学級の何かが乱れたのならば、それは必要な規則だったということです。しかし、僕の経験上、その場合に悪いのは規則ではなく教師と子どもの関係性によるものなので、やはり規則は少ない方がいいと思っています。

体育の授業でピシッと並ばせる意味

「背の順、前へならえ！」

体育の授業で子どもたちをキレイに並ばせる先生がいます。キレイに並べるまで何回もやり直したりもします。

「もっとピシッとしなさい！」

こんな指導もよくあります。学級全体を見ている教師側の視点と、子ども側のそれとはまったく異なります。子どもたちからしたら「誰が、何を、どうしたら」ピシッとなるのかがわからないまま、先生が納得するまで同じ動作の繰り返しをさせられるのです。

「指先を意識しながら視線を前にして、前へならえ！」

このように具体的に伝えてあげると子どもたちは割としっかりできることが多いです。子どもたちへの指示は「端的に、具体的に」伝えてあげるとお互いのストレスが大きく減ります。

でも、そもそも、体育の時間に毎回「ピシッと並ばせる」意味はどこにあるのでしょう。それが「当たり前だから」なんて思考停止している先生も多いと思いますが、僕にはあれが「軍隊」のそれとの見分けがつかないですし、それをさせたところで体育の指導がより円滑に進むともやはり思えないのです。

「姿勢が悪いと話が聞けないから、ピシッとさせるのです」

そんな反論が聞こえてきそうですが、仮に「話を聞かせる」ことが目的であるのなら「姿勢」はどうでもいいはずなのです。どんな姿勢でも話は聞けますし、逆に体育座りなどの窮屈な座り方で話が聞きにくい子どもだっているはず。そろっている方が先生からの「見栄え」は良いかもしれませんが、そのために子どもたちをピシッと並ばせるのはやはり時間とエネルギーの無駄だなと思えてしまいます。

文部科学省が10年ほどに前に作成した体育科の指導に関する動画（YouTubeで「文部科学省　体育」で調べるとたくさん出てきます）を見たことがあるのですが、その動画の中で子どもたちが「きれいに整列」している場面はほとんどありませんでした。話を聞く

目的より「見た目」を気にしてないか？　姿勢は自由でも目的達成できる

ための「集合」はあっても「整列」は必要ないのです。

どうしても学校の先生は「見栄え」を大事にしてしまうところがあります。その結果、手段と目的が大きくズレていってしまうのです。子どもたちへの指示が円滑に進むためという「目的」のためなら、「きれいに整列」という「手段」は必須ではないはず。**我々の子どもたちへの指示の「目的」は何なのか。常に問い続けたい視点です。**

えんぴつの持ち方を直させるエネルギー

えんぴつには「正しい」とされる持ち方があります。疲れにくく、書きやすい。道具にはそのような使い方が存在するのです。しかし、教室でえんぴつを持つ子どもたちの手元を覗いてみると、「正しくないえんぴつの持ち方」をしている子どもがどの教室にも数人はいるものです。

多くの先生はその子どもたちに「正しい持ち方」を指導すると思います。それがどう考えても「良い」ことだと思うからです。でも、実はその子どもたちはこれまでもその「正しい指導」を、様々な人から受け続けてきたのかもしれません。そうだとしたら、その子どもたちは、それだけの指導を受けてきたにも関わらず、それが「直せない」のかもしれません。実際、子どもたちの中には「不器用」だったり、「こだわり」だったり、様々な理由で「正しい方法」が「できない」ことはよくあるのです。そんな子どもたちに対して

「正しくできるまで」指導を続けることは、その子を「苦しめる」ことにも繋がりかねないと思えてしまいます。

特にえんぴつを使った活動というのは、教室の中で頻繁に行われます。そのたびに自分のえんぴつ持ち方を指摘され続けられるというのは、たとえ子どもでなくてもなかなか辛いものです。そして、それが自分の力ではすぐに直せないことがらであればなおさら辛いです。最後には、えんぴつを持つこと自体が嫌になってしまうかもしれません。

では、どうしたらいいのでしょうか。我々教員は、ついつい「人を変えよう」としてしまいがちです。それが「正しい」と思うことなら、その言い方はどんどん強くなってしまうものです。でも、えんぴつの持ち方のようなことは「環境を変える」という手法が効果的なことがあります。筆記具の正しい持ち方をサポートする道具は数多く発売されています。そのようにアプローチを人から「環境や道具」へ変える視点は子どもたちの行動を変容させるためには欠かせないものです。

教員が毎日子どもたちにえんぴつの持ち方を指摘するエネルギーと、それを受けて子どもたちが慣れない持ち方をしてがんばるエネルギー。そして、度重なる指摘に対して「自分はできない」と子どもたちを落ち込ませかねない危険性。そこには見直しが必要だなと感じます。

そもそも「えんぴつの正しい持ち方」のような指導は「個別」でしっかりと丁寧にする必要があります。しかし、教室の授業時間にはそんな「個別支援」の時間はなかなか取れないものです。結果的に「指導」よりも「指摘」になりがちであり、それで「正しくなる」ほどこれは軽い問題ではないのです。「今はできなくても仕方ない。いつかできるはず」。どこかでそのように「割り切って」あげられるような、そんな気持ちも時には必要かもしれません。**「正しい」指摘の連続は「できない」子どもを追い詰めるには十分な力をもっています。**

しんどい！
誰得!?
ボクはできない子なんだ…
まいっか
どこかで割り切ったら？
サポート道具
環境を変えてみたら？

児童の主体性は教師への忖度

学習指導要領が改定され「主体的・対話的で深い学び」が向こう10年の教育の指針となった今、子どもたちの「主体性」というのは教育実践のキーワードになっていることは間違いありません。しかし、僕はこの「主体性」という言葉には注意が必要だなと思っています。つまり、教室の中における、**子どもたちの「主体性」というのは、教員側の都合の良い「主体性」になっていないかなと感じるのです。**

真に「主体的」であるとはどういう状態なのでしょうか。40人の子どもたち全員が主体性を発揮したとき、それは一人の教員だけでは手に負えないような無法地帯（いや、理想郷？）になるのではないのかなと思うことがあります。それが良いか悪いかはさておいて、今の学校のシステムはそのような「学び」には対応できていない。あくまで、教員側が想定した「学び方」があり、その中で子どもたちは「主体性を発揮」させる。でも、これって、**子どもたちは暗に教員側が想定している「学び」を察して、自身の動きを変えていく「忖度」にも見えなくもないですよね。**そんなことを言い出したら、今の学校では「主体性」なんて語れないと思えてくるのですが、それくらい扱いが難しいのが「主体性」だと僕は考えています。

「主体的」とはどういうことでしょう。それは、自分で考えて行動して、その結果のすべてを自分で受け入れるというものです。**極論を言えば「その活動をしない」という選択さえ認められるべきだと思うのです。**「やりたくもない活動の中で主体的に学べ」とは何ともおかしな矛盾に満ちた言葉だなと思いませんか。

では、教室における「主体的な子ども」と評価される子どもたちはどんな様子でしょうか。

「この学習で様々なことを学んで、それを活かして自分で考えた活動ができました」

「この学習はおもしろくないから、別の学習をしていました」

こんな二人の子どもがいたときに、我々はその子どもたちにどんな評価ができるのでしょうか。前者の子どもは「主体的に活動している」と映るでしょう。教員の想定した「学び」のレールの上で上手に「主体性を発揮」しています。教員の目から見ても「気持ちの良い主体性」です。一方、後者の子どもはどうでしょうか。その言い方はさておき、教員が用意した「学び」に対して必要性を感じないという「主体性を発揮」して、さらに自分で必要な学びを選び実行するという「主体性を発揮」しています。でも、それは多くの教員からは「わがまま」と映ってしまうかもしれない。学校の中で「真に主体的」であることは非常に難しいなと思うのです。

もちろん、子どもたちの関心や意欲を学習に向かわせるのは教師の大事な仕事です。その責任を放棄したわけではありません。我々はもてる力を出して子どもたちを学習に向かわせるべきです。ただ、子どもたちの「主体性」を考えたときに、教員にとって「気持ちの良い」、そんな子どもたちの「主体性」を無自覚に認め出したときの子どもたちへの影響がどうしても気になってしまう。

「霞が関の官僚」という「学校というシステムを上手に渡ることのできた」人たちによる政治家への「忖度」問題を見て、改めて考えさせられたことでした。

本当にこう
思っているよ！
こう言えば
先生よろこぶっしょ
真の主体性
忖度した主体性
おもしろくないから
別の学習をしました
この学習を
活かして、自分で
考えた活動を
しました
誰の立場からの「主体性」？

第2章　学習指導編

習っていない漢字を使ってはいけない問題

教室という場所は子どもたちの意欲を引き出す場所であるはずなのに、その意欲の芽を摘んでしまうようなことが行われたりもします。それが、この「習っていない漢字を使ってはいけない」というルールです。

教員側の都合の話からしたいと思います。我々はどうしてこんな理不尽なことを言わなければならないのか。よくある理由としては習っていない漢字だから「読めない子がいる」というものです。なるほど、たしかに理由としては納得しそうです。でも、同時に「ルビを振ればいいのでは」とも思えてしまいます。僕自身にも経験があるのですが、6年生の担任をしたあとに低学年を担任すると4月には、ついつい黒板に「習っていない漢字」を書いてしまいます。それまでの一年間、6年生を相手に指導していたので、急に低学年を担任するとそういった間違いをしてしまうのです。しかし、その習っていない漢字を黒板消しで消そうとすると、子どもたちの反応は十中八九「消さないで！」なのです。子どもたちはまだ習っていない上級生の漢字を見てワクワクしているのかはわかりませんが、僕はその漢字にルビを振って授業を続けます。

漢字の指導は小学校の国語教育の根幹であるといっても過言ではないでしょう。毎日の宿題にも漢字練習があります。そんな中で子どもたちが「まだ習っていない漢字に興味を示す」というその意欲は、教師冥利に尽きると言っても、これまた過言ではありません。意欲がある子にはどんどん使わせてあげたらいいんです。

と、ここまで言うと、別の反論が聞こえてきます。「見たままに書いてしまったら、書き順を間違えて覚えてしまう」。それはそうかもしれません。漢字の指導は学習指導要領にも学年別漢字配当表として明確に示されています。でも、漢字の書き順を教えるくらいなら10秒でもできます。その時間で漢字の興味が増した子どもがいれば、その10秒はとても学習効果のある10秒ではないでしょうか。

そもそも子どもたちの学びは「学校だけ」なのでしょうか。学校現場にいると、そのような「錯覚」に陥ってしまう先生はたくさんいると思います。でも、漢字の話でいえば、僕は小学生時代、大好きな漫画からたくさんの漢字を教えてもらいました。漢字だけではありません。言葉の使い方や言い回しだって漫画はたくさん教えてくれます。それは、もう「学習指導要領」の「学年別漢字配当表」には収まらないはずなのです。

教室という環境は、教師側がついつい「制限」をかけがちです。40人の子どもに授業をしていくために仕方のないことはあるでしょうが、それでも、未知のことを知りたいと思う子どもたちの意欲はなるべく支えてあげるのが教師としての役割ではないでしょうか。

みんなで練習しよう
あの漢字読めないや
あ！消さないで！
みんなで練習《れんしゅう》しよう
ルビがあれば読めるね
へ〜！こう読むんだ！
「未知のことを知りたい」という意欲を支えてあげたい

九九表を見せないという意地悪

小学校の算数にはいくつかの鬼門がありますが、2年生における鬼門は間違いなく「九九暗記」でしょう。その後の3年生では「かけ算の筆算」が登場しますし、九九ができていない状態で次の学年に上がることがないように、2年生の先生はそれこそ必死の思いで子どもたちに九九を暗記させようとしています。しかし、そのような努力をしていたとしても、やはりどうしても一部の子どもは九九暗記ができないまま次の学年へ進級してしまいます。これはもう仕方がないのです。子どもによってそのような力は大きく異なります。2年生という「時点」だけでいえば、どうしても九九暗記ができない子どもがいるのは発達段階からいっても、むしろ自然なことなのです。

さて、九九暗記ができていない子どもたちが3年生で「かけ算の筆算」の学習を始めたらどうなるか。もちろん、九九暗記ができていない子は何もできません。7の段だけ苦手な子だって大きく躓きます。ぼんやり覚えている子だって間違い続出です。「かけ算の筆算」にはかけ算だけでなく、たし算も、さらに繰り上がりも登場します。九九があやふやなだけでそれら膨大なタスクすべてに影響を及ぼします。そのような子どもたちに九九表を渡している学級は全国にどれくらいあるでしょうか。「答えを見ながら計算を解いているようなものだ」という考えからか、九九表を渡していない学級を見かけることが多いです。でも、**これ、とてもひどいことをしていると思いませんか。漢字だらけの中国語の漢文を読めと言われているようなものでしょうか。**意味を少しは理解できるけど、全体の意味がなかなか掴めないモヤモヤ感。そんな状態の子どもが「筆算の習熟」なんてとても望めません。「覚えていないのは自己責任」なんて言う教員はいないでしょうが、やっていることはまさにその言葉通りのことなのです。

これに関しての僕の実践は単純明快で「九九表を黒板上に掲示する」と「ミニ九九表」を希望者に配布するの２点です。まず「九九表を黒板上に掲示する」ですが、これは見たい人は全員見てもいいよというメッセージです。我々大人だって苦手な九九の段があったりしますよね（僕も七の段が苦手です）。不安な気持ちを抱えたまま「かけ算の筆算」の「膨大なタスク」をやらされる子どもは不安でいっぱいです。困ったとき、ちょっと不安なときに、ふと顔を見上げればそこに九九表がある安心感は子どもたちの学習へのモチベーションを高める作用もあると思っています。さらに不安な子には「ミニ九九表」を配ります。手元にあればさらに安心感は高まります。子どもたちの力が大きく異なるのならば、我々教師は「環境を調整」してあげることもまた大切な仕事です。

「九九表」を頼りにしていたらいつまでも九九暗記ができないのではないか、そう思われる方も多いかと思います。しかし、どうでしょう。九九を覚えられる発達段階にある子どもは、そのうち「九九表から答えを探すことが面倒くさく」なってくるはずです。当たり前ですよね。同じことを何回もやっていたら自然と覚えていきます。その段階までは「九九表」という環境調整をしてあげたらいいと思います。「かけ算の筆算」のやり方を習熟するためには九九表が必要です。「九九を覚えていないなら、できなくても仕方ない」なんて、それは子どもたちの「学習権を侵害」しているのではないでしょうか。

やるぞ
学びの原動力UP
ホッ
安心感UP
九九
1 2 3 4 5 6 7 8 9
1
2
3
4
5
6
7
8
9
九九

おかしな計算ドリル

どこの小学校でも使われているであろう「計算ドリル」におかしいところがあると気づいている方はどれほどいるでしょうか。

まずは計算ドリルの話をする前に「小学生の多くが苦手な問題」の話をしたいと思います。それは、ずばり「四則計算が混ざっている文章題」です。目の前の文章題を、たし算で解くのか、あるいはひき算か、かけ算か、わり算か。要するに演算決定をしないといけない文章題に対して、多くの小学生は苦手意識をもっています。どうしてでしょうか。それは小学校の算数科の授業の構造的な欠陥とも言えます。つまり、「たし算を習ったらたし算だけの問題」（ひき算ならひき算、かけ算ならかけ算、わり算ならわり算）を我々は子どもたちにさせてしまっているからです。演算決定をする場面が算数科の授業において決定的に少ないから、子どもたちは苦手意識をもつのです。

もちろん、これには理由があります。たし算を習っている段階の子どもたちは、そもそもたし算しかできないですし、我々は子どもたちに、たし算を自力で解けるための知識・技能を習得させてあげないといけません。習得させるためには繰り返し問題を解くというのは有効な方法です。

しかし、どうでしょう。このような学び方を繰り返してきた子どもたちはこちらが意図していない「ある学び」を獲得してしまうのではないでしょうか。それは「かけ算の学習のときは、出てきた二つの数をかければいい」というものです。演算決定なんてする必要はなくて出てきた二つの数をそのときに習っている演算で計算すればいい。子どもたちがここまで言語化できているかはわかりませんが、そのような「感覚」を得てしまっているという危惧は子どもたちの学びの実態と大きく外れてはいないと思います。

さて、ここまで説明すれば気づかれている方も多いと思います。計算ドリルを思い浮かべてもらえば、**そこにはでかでかと題名に「かけ算」と書かれている計算ドリル**のページと5問くらいの「かけ算を使えば解けるであろう文章題」が並んでいます。しかも、どれも文章の中には二つの数しか使われていない。ある程度の学習能力のある賢明な子どもたちであれば、先ほど述べた「ある学び」を活用して、文章なんて読まなくても立式をして正解が導き出せるはずです。そしてこの「ある学び」に頼って正解を積み重ねていった子どもたちはほぼ間違いなく「四則計算が混ざっている文章題」に苦戦するのです。我々は、**我々が用意したドリル教材によって子どもたちの算数の力を奪ってしまったとも言えてしまう、なんとも皮肉な状況があります。**

計算ドリルにはまだ弊害があります。それは子どもたちを「算数嫌い」にさせてしまうかもしれないというものです。計算ドリルとは、似たような問題を繰り返し行うことで知識・技能を習得させていくものです。スラスラと解けてしまう子にはドリルの20問は少ないと感じるかもしれませんが、かけ算が苦手で仕方がない子にとっては「積が5桁」にもなる「かけ算の筆算」が20問もあれば、それは苦行以外のなにものでもありません。そんな子どもたちにとって、間違いを繰り返しながらなんとか20問目が終わったときに感じるのは「もう計算をしなくていいんだ」という解放感と「もう計算なんてしたくない」という計算への嫌悪感かもしれません。

当たり前ですが、子どもによって計算の能力は大きく異なります。**学校という場では「平等」という名のもとで、これらの能力を度外視しているかのような均一の課題設定がされていることがよくあり、子どもを苦しめてしまっている現状があります。**子どもたちの力を伸ばしつつ、無理難題を課すことがないように**常に課題設定には気を配る必要**があります。

まずは、先ほど述べたような**問題意識を教師側がしっかりと把握しているかが大切です。**そうすれば、例えば、毎回の学習の始めにその授業で扱う演算「以外」の問題を提示するなどの方策は浮かぶと思います。算数科の学習には既習事項の習得が大切です。毎時間の冒頭５分でいいので、これまでに習った学習を文章題として振り返る活動もいいでしょう。

計算ドリルの扱い方で大事なポイントは、２つあります。

1つ目のポイントは、「定時制」と「定量性」を使い分けることです。どちらがよいかはもちろん教師側の考え方や子どもの実態にもよるでしょうが、**大事なのは教師側が教育実践の選択肢をもつことです。**

「定時制」とは「時間」で子どもたちの学習を揃えようという考え方です。例えば、10分間をドリル学習の時間として定めたとします。その10分間で20問解ける子もいれば、10問までの子もいるでしょう。どちらも10分間の時間はドリル学習をしたのでそれで良いというものです。

次に「定量性」です。こちらは「量」で子どもたちの学習を揃えようというものです。20問の問題を解き終わるまでは学習が続きます。子どもによっては、学習時間内に課題が終わらずに休み時間や放課後まで課題をさせられたり、それでも終わらなければ宿題になってしまうこともあるでしょう。

2つ目のポイントは「個別調整」です。子どもは20問が用意されていたら20問を解き終わりたいものです。しかし、その子の能力では時間内に終わりそうもないことも、またよくあります。そんなときは「偶数問題」だけを取り組ませたり「三の倍数の数字の問題」だけ取り組ませるなど、個人の力に合わせて教師側が適切な問題の量に調整をするのです。「ずるい！」という声が他の子どもから上がるかもしれません。そのときはその子たちも減らしてあげたらいいと思います。でも、ずるずると子どもの言うままに減らしたらいいということではありません。その線引きもまた子どもたちと「調整」していくのです。それが、まさに学級担任制である小学校教員が為せる技なのかなと思っています。子どもたちとの関係づくりこそ小学校の授業づくりの要です。

宿題は残業と同じ

宿題がない学校というのを聞いたことはありません。それくらい学校の文化に根付いている宿題ですが、僕は宿題という文化が嫌いです。嫌いな理由は3つあります。

①宿題は不平等の極み
②宿題込みの学力形成は授業者の怠慢ではないか
③宿題の点検等の業務が他業務を圧迫する

まず、①について書きたいと思います。子どもたちの家庭環境はそれぞれで大きく異なります。学習環境で考えてみると、「勉強をする机がある家で暮らす子ども」から、「家中がゴミ屋敷のようになっていて足の踏み場もないような家で暮らす子ども」まで様々です。宿題をしているときに「困ったら保護者に教えてもらえる子ども」から、「保護者が夜の仕事のためにほとんど顔を合わせることができない子ども」までいます。他にも、習い事が平日の放課後のすべてを埋めている子どもや、兄弟の世話をしないといけない子どももいます。それらの子どもたちが「一律の課題である宿題」をして、翌日、学校に提出しないといけない。僕にはこれがどうにも不平等に思えて仕方がありません。

宿題の忘れ物でも、家庭で保護者に声をかけてもらえる子どもとそうでない子どもではその差が出てきます。しかし、それらの家庭環境の差を子どもは「自己責任」という名目で一手に引き受けないといけない。しかし、その忘れ物は本当に子どもが悪いのでしょうか。家中がゴミ屋敷の状態で、翌日の準備などを小学生が自分一人の力でできるでしょうか。それらを子どもの責任のように指導してしまうのは、理不尽極まりないと思えてしまうのは僕だけでしょうか。

もちろん家庭環境がそもそも違うのでこれらが平等にはなりえません。しかし、わざわざその不平等が如実に現れる形で学校側がすべての子どもたちに宿題を課す必要はありません。

②については、驚かれる方も多いかもしれませんが、それだけ宿題という文化が学校に根づいてしまっている証拠でもあります。僕が言いたいことは、「本来、学校でつけたい学力は学校の中でつけさせるべき」という至極まっとうなことです。我々は子どもたちに毎日授業をしています。その中で子どもたちの学力などを高めていくのが仕事です。そしてそれは「学校の中で完結すべき」だし、そうでないのなら、それは学校側の怠慢なのではないかということです。だって、その責任を家庭へ投げてしまうのなら学校の必要はありません。責任が半々だとしたら、それは子どもたちの家庭環境の差をあまりにも軽視しすぎているようです。

「習った内容を復習しないと学びが定着しない」

このような反論があったとして、僕はその「復習の時間」さえ授業時間に取るべきだと思っています。いや、むしろ、それが子どもたちの学びを定着させるのに絶対に必要なものであるのならば、どうしてそんな大切なことを「教師の目が届かない場所」でやらせるのでしょうか。僕にはそこが不思議でなりません。

僕は良くも悪くも子どもたちの宿題なるものを信用していません。僕は子どもたちには「僕が計画した授業の中で」「僕が直接指導できる教室」で力を付けさせたいと考えているからです。

例えば、計算の宿題は計算機を使うことも可能です。今では、撮影しただけで筆算の答えが出るハイテクなアプリケーションまであるといいます。友だちの答えをせっせと写すような全く意味のないことを子どもたちにさせてしまうかもしれない。はじめから疑っているわけでは決してありませんが、そういうこともあるかもしれないから、僕は授業の中でそれらの活動を子どもたちにさせたいのです。

では、宿題をなくしてしまえばやりやすいのですが、僕のクラスにも宿題はあります。宿題は、学校という文化の中でしっかりと根づいている活動です。これを僕一人が辞めてしまうと様々な場所で歪みが生じてしまいます。まず、横並びを大切にする学校の文化とぶつかります。同僚や管理職が不審がります。それに、保護者が不安になります。他のクラスではやっている宿題を自分の子どもがしていないというのは保護者を不安にさせるだけの力が十分にあります。クラスの子どもたちにはしっかりと説明ができても、同僚や保護者に対してはその説明をする時間が取れません。結局、「宿題がない」という一点で軋轢や不安を生むくらいなら宿題を出す、そういうことです。

③について話します。我々小学校教員は休憩時間が一切ありません。子どもたちが登校してから、下校するまでの時間、ノンストップで業務は続きます。では、いつ宿題を見るかというと、授業と授業の合間の休み時間に見ることが多いのですが、その時間が毎時間、必ず確保されているわけでは決してありません。授業準備だったり、子ども同士のトラブル対応だったり、保護者への電話連絡だったりと様々な業務が舞い込んできます。「宿題を点検する時間」が毎日必ず用意されているのならばまだいいのですが、そうではない以上、この業務をなくせるのならなくしたいのです。宿題点検業務のせいで、さきほどあげた他業務ができないという問題まで抱えながら我々は宿題を子どもたちにさせないといけないのでしょうか。

宿題をなくすことは難しいです。でも、その意味を改めて考え直して「量を調節」したりすることは明日からでも可能です。大切なのは「当たり前」だから漫然と続けるのではなく、**常に自分の「当たり前」を疑いながら学習計画を組むことだと思います。**

②の話で少し出てきたのですが、僕のクラスにも宿題はあります。これだけ批判しておいて宿題をなくせない理由は先述した通りです。しかし、その量は子どもたち自身で調整ができる内容にしています。クラスの子どもたち全員が同じ漢字を同じ量書くといった漢字の宿題は無駄が多いです。子どもによって漢字を覚えられる力は異なるからです。むしろ、試行錯誤を繰り返しながら、自分にあった学習量を見つけてもらえたら、それは子どもたちにとって今後の財産になるのかなと思っています。

でも、なくせるのなら宿題はなくしたい。

黒板の内容をノートに写す意味

授業といえば、黒板に書かれていることを子どもたちはノートに写す、そんな風景を思い浮かべる方も多いと思います。実際、この原稿を書いている今日も僕の勤務校では若手の先生の研究授業があったのですが、その先生は黙々と黒板に文字を書き、その書いた文字を子どもたちは丁寧な字でノートに写していました。割とどの教室でも見る一般的な授業風景だと思います。でも、その行為で子どもたちは何を学んでいるのでしょう。仮に「書いてあることを写して書く」に子どもたちの学びの大部分が割かれているとしたら、学校での「学び」とは果たして何なのかについて全国民で考え直したいくらいです。

そもそも、どうして子どもたちはノートを書かされているのでしょうか。仮に耳で聞いたり考えたことをまとめるのが目的だとしたら、子どもたちによってノートのまとめ方は異なるでしょう。その書き方を教えるために写して書かせているのならば、その「教え」

はいつ頃終わるのでしょう。６年生でも、黒板を写すようなノートの書き方をさせている先生はそこら中にいるし、中学でも高校でも似たようなノートの使い方をさせている先生がいると思います。

少なくとも僕は、「写して書いたこと」よりも「自分の考えで書き上げたこと」のほうが頭に残ります。学習の定着というのはインプット（入力）よりもアウトプット（出力）の方が大切だと僕は考えていて、「写して書く」という活動はインプットの延長でありアウトプットではありません。

さらに、黒板を「写して書く」ような授業形態には問題があります。それは、子どもによって写すスピードが大きく異なるので、書くのが遅い子どもは必然的に「先生の話を聞きながら」黒板の内容をノートに写すことになるのです。子どもたちにとって（いや、大人であっても）「聞きながら、すでに説明が終わった内容をノートに写して書く」というのは何とも難しい作業であることは想像に難くないでしょう。しかも、それをさせられているのは「書くのが遅い子ども」。もう、写すのに必死で先生の説明なんて聞けていないでしょう。聞けばいいのか、書けばいいのか、話し合えばいいのか。子どもたちのエネルギーが無駄遣いされているように思えてなりません。

教科や学習内容にもよりますが、**僕の授業ではそもそも黒板に文字をあまり書きません。**例えば、社会科の授業であれば、45分を15分と30分に分けて、前半の15分で授業内容を大型テレビを用いて僕が講義する。後半の30分にその内容を子どもたちは自分なりにノートにまとめるという構成になっています。

先の15分間が「聞く時間（話す時間）」、後の30分間が「書く時間（読む時間）」と、明確に分けています。子どもたちに「聞きながら書く」という難しい作業をさせたくないからです。

僕のクラスの子どもたちがまとめるノートは様々です。教科書を読みながらその内容をまとめる子どももいれば、学習した内容をオリジナルキャラクターに説明させる子どももいれば、新聞形式にまとめる子どももいます。同じ授業を聞いても、子どもによって関心

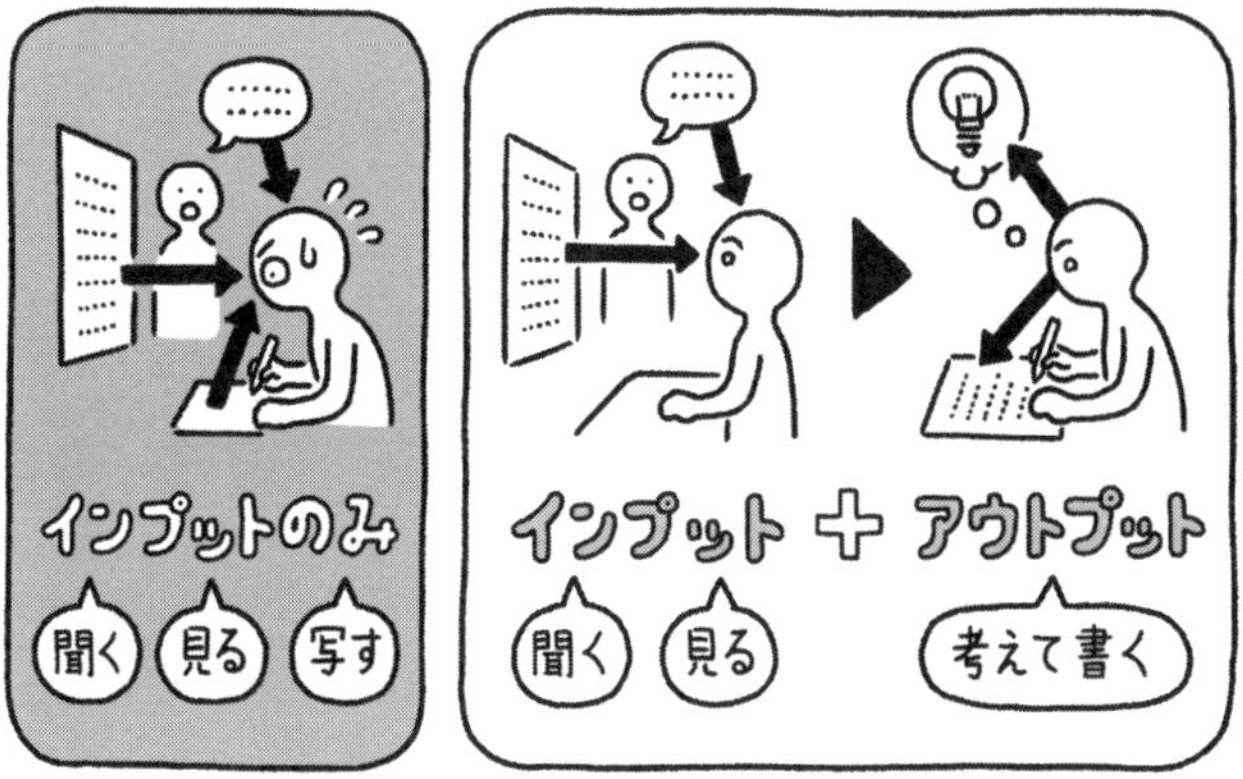

のポイントは違うのだなと改めて実感します。これは、教師が黒板にまとめないからこそできることです。目の前に教師がまとめた内容があればそれを写したくなるのが子どもです。そもそも、子どもたちは「教科書」という便利な道具を持っています。教科書会社が構成や言葉遣いに気をつけて作った教科書の内容を、わざわざ教員が時間をかけてつたなく黒板にまとめなくてもいいのです。黒板にまとめることで授業が可視化される、そんな意見もあります。しかし、それだとどうしても授業の構成が子どもたちを「受け身」にさせます。「聞くだけ」「写すだけ」という活動は、子どもたちにとって退屈な時間になりがちです。「自分で考えて書いて伝える」という方が子どもたちの学習としてはよっぽど自然なのではないでしょうか。

子どもは教師の自己実現の道具ではない

僕たち小学校教員の過酷な労働の実態が社会へ認知されだしています。残業時間が月に何十時間にもなって「過労死ライン」に達している同僚もたくさんいます。休憩時間は設定されているものの、その休憩時間には放課後指導や会議が設定されていたりして、まともに休憩を取ることもできない日常なのです。

そんな僕たちが何とかこの仕事を続けていられるのは、他の仕事では得にくいであろう「やりがい」が大きいと思っています。子どもたちの成長に直接的に関われる魅力あふれる仕事であることもまた広く認知されているでしょう。そして、そんな「いびつな労働環境」だからこそ、我々は特に気を付けなければならない、陥りがちな思考があります。それは、

「教師の自己実現のための教育活動」

です。いくつか例をあげたいと思います。まずは、運動会の「団体演技」です。最近ではその危険性から見直しが進んでいる「組み立て体操」だったり、「集団行動」や「ダンス」、「ソーラン節」もよく行われる演目だと思います。これらは練習に時間をかければかける分だけ「キレイに揃った」演技になります。しかし、運動会はあくまで体育的行事、つまりあくまで「学校行事」の一つです。そこに過度な配分の練習時間を取るのは不適切です。

しかし、舞台である運動会は多くの保護者や地域の方、そして同僚である教職員、そして上司である管理職も注目する大舞台。さらに、ここでの演技の成功はその指導にあたった教員の「評価」にも繋がりがちです。ここでの「評価」は数字などによるものではありません。単なる「印象による評価」です。しかし、我々教職員は普段、自分たちの仕事を周りの人に見せる機会があまりないこともあって、運動会の団体演技に対して並々ならぬ思いをもつ教員がいることは確かです。

しかしなにより「厄介」なのは、演技を成功させて「子どもたちに自信を付けさせてあげたい」という「教師の良心」だったりします。一見、教育者としては適切な感情にも見えます。しかし、それが過度な練習時間の上に成り立つ「演技の成功」であるのならば、やはりそれは**「いびつな指導」**であり、実は教員本人も認識できていない「やりがい」を求めてしまった結果なのかもしれません。結果、大成功した演技でも、法外な練習時間という「理不尽」に耐えた、子どもたちの「我慢の結晶」だったという裏事情に気付いている人があまりいないことも学校という「いびつな労働環境」がさせている功罪なのかもしれません。

卒業式練習にもそんな教師の複雑な感情が見え隠れします。最近では聞かなくなりましたが、卒業式練習から、あまりの緊張感に気を失う子どもが毎年出るという異常事態が僕の勤務校ではありました。

当時の卒業式練習といえば、2時間近く立ちっぱなしで、「呼びかけ」と言われる一人ずつのセリフを決められたリズムで言い続けながら、間に歌唱も入るという難易度が非常に高い活動でした。その練習を3月に入ると毎日させられるのです。そこでは教員たちも強い口調での指導が当たり前で、「前年度より良いものを」という掛け声で何年も高められ続けたハードルともいえる活動でした。これも根底には「最高の卒業式」をさせてあげることで卒業生に花を持たせてあげたいという教育者としての気持ちと、その根底にある教員自身の「やりがい」を満たす「自己実現の道具」という側面があったことは、当事者である僕が証明します。これらは、その指導をやりきることが、６年生という最高学年担任としての使命だと言わんばかりに激烈な指導をしていた恥ずかしい僕の話なのです。

「最高学年の立ち居振る舞いというのは学校全体に影響を与えます」

そんな風に先輩教員に言われた若手の僕はもはや「子どものため」ではなく、「自分の見栄」だったり「伝統を壊さない使命感」だったりが指導の原動力になっていました。そして、それを達成できた卒業式に、自分が一人前の先生になれたと実感していました。恥ずかしい話ですが、すべて「自分の自己実現」につながっていたのです。

もちろん、それで子どもたちが成長できた側面もあると思います。問題は、団体演技の過度な練習時間だったり、卒業式練習の苛烈な指導です。我々は「子どものため」という名目を掲げてしまうと「心を鬼」にしがちですが、心を鬼にできてしまう人は本当の鬼だなと、自分への戒めをここに改めて立てたいと思います。

人権侵害の二分の一成人式

二分の一成人式という学習活動をご存知でしょうか。今では全国的に行われている活動です。10歳になる4年生に行われるこの活動は「自分の生い立ち」を振り返り、「親への感謝の気持ち」をもつという構成で設定されることが多い学習活動です。保護者参観に保護者向けの授業として公開されることも多いです。そして僕は、この活動は子どもたちのプライバシーを大きく侵害する可能性を多分に秘めた**「危険な活動」**であると思っています。そもそもすべての児童が「保護者への感謝」をもつことができるでしょうか。もしかすると、児童養護施設出身の子どもがクラスの中にいるかもしれません。それは調べればわかることではありますが、では、あなたのクラスに「虐待」をされている子どもはいないと言い切れますか。

我々は子どもたちの家庭環境について、実はほとんど知りません。そして知るすべもほとんどありません。「虐待」まではいかなくても「保護者への感謝の気持ち」をもてない子どもならどうでしょうか。ここまでくると「自分のクラスにそんな子どもは絶対にいない」なんて言い切れなくなりますよね。

実は二分の一成人式と似たような活動は2年生の生活科や6年生の卒業間近の参観などでも行われることがあります。学校というのは「すべての子どもたちは家庭で十分な愛情を受けて育てられている」という前提でもあるかのような学習活動を設定してしまっていることが非常に多いのです。そして、これらの学習活動というのは「毎年の慣習」として翌年も引き継がれることがあります。しかも、これらの活動を「期待している」保護者も数多くいます。その配分は学校にもよるのでしょうが、「期待している」層の方が圧倒的に多いです。「保護者への感謝を述べる」というのは多くの保護者からしたら喜ばしいことなのかもしれません。つまり、これらの行事の問題点を担任側は理解していたとしても、保護者側の圧力により行事の中止ができないということも十分に起こりえます。

「お兄ちゃん（お姉ちゃん）のときはしてくれたのに…」

兄弟関係をもつ保護者からのこのような陳情は管理職へ行き、管理職の指示で泣く泣く二分の一成人式をやらされたという事例もあります。

3年生の社会科でも「買い物調べ」という活動があります。身近な食品などをどのお店で買っているか保護者にアンケートを取るというものです。これだってプライバシーの侵害につながります。しかし、教科書に設定されている活動だけにやらざるを得ないという先生も多いかもしれません。

このように我々は様々な学習活動を子どもたちにやらせる際に、「人権」だったり「プライバシー」の視点からその活動を実施するのかどうかを判断する必要があるのです。

本当はこんなこと
やりたくないのに
いつも
ありがとう
人権
プライバシー
学習活動
二分の一成人式

絵画余白禁止の謎

図画工作の時間、子どもたちは絵画作品を一所懸命に描いています。ある子どもが「できた！」と言って、先生に作品を持っていきます。そこで先生はその絵を見て言いました。

「ここの余白に何かを描きなさい」

先生がそう言ってしまう気持ちもわからなくはないのです。まだ授業時間が残っているので「もう少し時間をかけて欲しい」という気持ちや、「めんどうくさがりのその子の怠けの気持ちが出ている」と感じたのかもしれません。でも、いずれにしても、**その子が「完成」と判断した作品の「やり直し」を命じることの影響を教員側は考えないといけないと思う**のです。

小学校の図画工作科の絵画作品の指導では、この「余白」を意識的になくそうとする指導がよく見られます。「隅々までしっかりと描かれている作品を良し」とする教員側の意識は、絵画制作における価値観の固定化を生むかもしれません。実際、デザインの世界では「余白」というものは非常に重要だと考えられています。むしろ、「余白」の使い方がデザインの成否を決定づけると言っても過言ではないくらいだそうです。

もちろん、すべての子どもたちがそのような視点をもって「余白」を作っているかといえば、そうではないでしょう。そこにはさきほどのような子どもたちの「怠け」の気持ちも見え隠れしているかもしれません。しかし、それを先生からの指導で半ば強制的に描かせたり塗らせたりしたところで、「先生が求める作品」はできたとしても、子どもたちは「納得」するでしょうか。図画工作科が算数科のように「答え」がない教科である以上、指導者が子どもに「完成を突き返す」ことの意味は我々が考えている以上に影響があると思えてなりません。

「どうしてもここを白くしたいなら、白い絵の具で塗りなさい」

このような指導を聞いたことがあります。白の部分を白く塗る。そのことの教育的意義を僕は詳しくは知らないのですが、子どもの考えからすれば「納得できない」となるかもしれません。「白を白く塗る」意味、それは「隅々までしっかりと描かれている作品を良し」とする価値観から派生したものであるのならば、**子どもたちにその指導の理由に関する合理的な説明ができる自信が僕にはありません。**

ただ、ここまで言ってしまうと図画工作科における我々教員の「指導」というものすべてが否定された気持ちになってしまうかもしれません。どれもこれも認めるということは、指導の「余白」さえ残していないようです。だから、図画工作科における指導で大切なことは**「アドバイス」的な視点**なのかなと僕は常々考えています。「〇〇しなさい」となると子どもは自身の作品を否定された気持ちになってしまいます。しかし、「〇〇してみると、もっと良くなると思うよ？　やってみる？」だとどうでしょうか。それでも、子ども自身がその作品を完成とするのならばそれでもいいと思いますし、教師のアドバイスに納得すれば加筆修正をするかもしれません。我々は、授業の目標を鑑みて、子どもたちの作品制作を「支援」していく、そのような立ち位置こそ図画工作科では重要なのかなと考えています。

図画工作科は得意不得意がはっきりと分かれる教科でもあります。保育園や幼稚園の頃から幾度となく描かされてきたその活動に苦手意識が育ってしまっている子どもも少なくありません。子どもたちの良くできている点をしっかりと認めながら、目標に至らないであろう点を「支援」する。子どもたち全員が自分の作品に対して「納得」ができるような、そんな教師側の視点が図画工作科という教科では特に求められているのだと思います。

勉強嫌いにさせないことが大切

僕が教科の指導をしているときに最も意識していることがあります。それは「その教科を好きになってもらう」ではなくて**「その教科を嫌いにさせないこと」**です。このように書くと「なんて消極的なんだ」と感じる方もいらっしゃるかもしれませんが、学校の先生というのは、その「情熱と粘り強い指導」によって、子どもたちを「勉強嫌い」にさせることがよくあるから厄介なのです。

そもそも子どもたちの興味・関心というのは様々です。しかし、授業での指導内容は学習指導要領にも定められており、教科書という具体物が手元にある以上、子どもたちの興味・関心に沿ったものにするには限界があります。だから、僕たちは子どもたちに授業内容に興味・関心をもってもらおうと、あの手この手を使って指導内容を工夫します。そこまではもちろん我々の仕事なので一生懸命にがんばります。これまでの教員生活で得てきた知識と技術を総動員して子どもたちへおもしろい授業を提供します。

しかし、ここからが大事なのですが、それでも、子どもたちの中には学習内容に興味を示せない子どもは出てきます。そこで「粘り強い指導」をしたらどうなるでしょう。大人だって興味のないことを延々とさせられては苦痛です。たしかに、その苦痛の先に「わかった」とか「楽しい」が待っているかもしれませんが、それは同時に「もういや」とか「二度としたくない」に繋がることだってあります。**良かれと思ってしていることが、子どもたちの今後の「学び」に暗い影を落とすこともまた知っておかなければいけません。**

人は一度「嫌い」だと認識したものに対して「好意的な」印象をもつまでには相当なエネルギーが必要です。大人の我々でさえ、自分の苦手なことを克服するのに大きなエネルギーをかけても、やはり好きになれないということはよくあります。それに対して、「嫌いではない」であれば、「好き」になるきっかけは割と簡単です。その教科の指導に精通した授業者の授業を受けるなどの簡単なきっかけですぐに「好き」になれます。

具体的な話をしていきます。例えば、算数科では2年生の「九九」は大きな山場です。九九が暗唱できないまま次の学年に進んでしまうと、3年生の割り算や、かけ算の筆算で確実につまずきます。これらは「九九の暗唱ができる」ことが前提で指導されているからです。学習指導要領にも算数科の第2学年の内容に「乗法九九について知り、1位数と1位数との乗法の計算が『確実』にできること（『』は筆者による）」との記載があります。しかし、よくよく考えてみれば「すべての2年生の子どもが九九の暗唱ができる」なんて不可能であることは誰もが納得できるはずです。子どもたちはそれぞれ発達段階があり、できることとできないことには大きな違いがあります。しかし、これまで述べてきた通り、九九を暗唱させるという圧力に近いものが我々教員にはかかっています。同時に「わからないと算数がおもしろくなくなってしまう」という教員としての子どもたちを思う気持ちも相まって、ついつい「情熱と粘り強い指導」を発揮してしまった結果、**「九九は覚えられたけど、算数は大嫌い」という皮肉な結果をもたらしてしまいがちになるのです。**

他の教科でもこれは言えます。黒板に書いてあることをノートに写さないと理解できないから写しなさいとか、理科の実験にしっかりと参加しないと内容が理解できないから集中しなさいとか、体育科で苦手だけど挑戦し続けないとできるようにならないから諦めないでとか、良かれと思って発している様々な言葉で子どもたちを追い詰めて結果的に「できたけど、嫌いになった」ということは起こってしまいがちなのです。

先程も書きましたが、我々は最大限その教科を「好きになってもらう努力」はするべきです。しかし、それでもうまくいかないときには「あきらめる」ことも大事なのです。「いつか好きになってくれる機会がある」という「あきらめ」を「積極的あきらめ」と僕は呼んでいます。残念ながら、今の僕にはこの子にこの教科を好きになってはもらえなかったけど、この先のどなたかがこの子にこの教科を好きになる機会を与えてくれるはず。そんな祈りにも似た「積極的あきらめ」が必要な場面は確実にあると僕は信じています。

第3章　生活指導編

「忘れ物撲滅運動」の不毛さ

忘れ物の指導で悩む先生は多いと聞きます。いつも持ち物が揃わないとか、何度言っても必要なものを持って来れないなどです。毎日毎日指導をしても、やはり翌日は忘れてくる。もはや、わざと忘れてきているのではないかと子どもを疑いたくなってしまう。何度も何度も忘れ物をされてイライラしてしまった結果、強い叱責をしてしまった…。

ここで、そんな先生たちに僕からこの言葉を送ります。

「人間とは忘れる生きものである。」

いやはや、何を隠そう僕も忘れっぽい人間なのです。ガスコンロを使ったときにはほぼ毎回確実に換気扇を消し忘れてしまう。なんででしょうか。何度言われても絶対に「忘れ」てしまう。自分もそんな自分に嫌気がさすほどです。でも、やっぱり翌日は「忘れ」てしまう。そんな僕が忘れ物をする子を責めることができるでしょうか。

忘れ物はその人の認知特性の話であり、これは叱責で改善するとは到底思えないと僕は割り切って考えています（僕自身がそうなので）。だから、「人間」を変えるのが難しいのならば「環境」を変えていきましょう。

と言っても、することは簡単です。**「持って帰らさない」**だけです。僕の学級では教科書は基本的に教室でまとめて預かっています。たまに、「家で勉強をしたいので持って帰っていいですか」という子どもがいますが、もちろん良いに決まっています。教科書は子どもたちのものです。しかし、こんな申し出は少数派です。多くの子どもは宿題以外で教科書を開くことはほとんどしませんし、僕はそれが悪いことだとも思っていません。子どもは、特に小学生の放課後は遊ぶことが仕事です（それでも今の小学生の放課後は習い事ばかりでかわいそうですが）。つまり、多くの小学生は読みもしないであろう大量の教科書を毎日持って帰らされ、翌日持ってきているのです。これが「筋力トレーニング」であるのならば何も文句はありませんが、そうでないのならばその意味について疑いをかけたほうがよさそうです。

そもそも、重たすぎるランドセルは社会問題化しています。身体の発達途上にある子どもの身体に「重たすぎるランドセル」が悪影響を及ぼしているという声が各所から上がり、いよいよ文部科学省もいわゆる「置き勉」を認めるような声明を出さざるを得なかったほどです。

それでも、宿題は持って帰らないといけないですし、保護者のサインをもらう書類は回収をしないといけないので、やはりすべてを「置き勉」化することは難しい。それならば、次の方法としては、忘れてしまう自分の頭ではないところに「記録」する必要性が生まれます。そうです、連絡帳です。

少し話は脱線しますが、僕は連絡帳を書いても書かなくてもいいと思っています。全員に強制的に書かせる必要はなくて、必要な子は書けばいい。行事の日程や重要な連絡は基本的に月初めの「学年だより」に記しています。そうなると書く内容は宿題のことくらいで、ほぼ毎日同じ内容になるので書く必要はない。あなたにとって必要ならば書いておいてね、というスタンスです。しかし、忘れ物をしてしまう子は書く「必要性」が生まれます。忘れ物をすると「困る」からです。本人が困らなくても保護者が「困る」場合もあります（多くはこのパターン）。実はこの「困り」というのは重要なエネルギーなのです。人間は困ったときにしか、自分を変えようとはしないものです。「書いて記して覚えておく」。古来より使われてきた行為の意味を子どもたちは「困り」から初めて実感できるのです。

忘れ物を繰り返す子どもは、毎日毎日叱責をされていても、翌日には忘れてしまうことがほとんどです。すると、多くの教員は叱責の強度を高めていく傾向があります。しかし、これは本当に危険な指導に繋がりやすいです。度重なる叱責で自分の価値を低くみてしまう子どもは存在します。自分を大事に思えない子どもはだんだん無気力にもなっていきます。「忘れ物撲滅運動」の本当の弊害は「度重なる叱責で失われる子どもの自信」だと思っています。

実は「書いて記して」も忘れてしまう子もいます。そんな子には、保護者への協力を依頼します。と言っても、どうしても必要な書類などは年に数回程度ですし、その多くは年度始めのことなので「お子さんの忘れ物について、僕もできる限りサポートさせてもらいます」というメッセージも込めて電話すれば、多くの保護者は好意的に受け止めてくれるはずです。年間に何度も叱責することを考えたら、数本の電話でそれをしないで済むのはコストパフォーマンスもいいですよね。

「困難さ」は子どもの行動変容の大切なモチベーション
また忘れた…
困った…
困難さ
じゃあ明日いる物を
連絡帳に書いておけば？
そっか！
困難さ
明日は、これとこれが
必要だな
困難さ

「怒鳴る」に寛容な学校現場

僕の学校にも残念ながら小学生相手に「怒鳴る教員」が存在します。低学年にも高学年にもいます。そこにどんな理由があるにしろ、大の大人が小学生相手に怒鳴るという行為については社会全体でその意味について考えるべきであると思います。

実は僕も恥ずかしながら、過去には「怒鳴る教員」でした。「子どもに舐められてはいけない」、「少しでも弱いところを見せたら学級崩壊してしまう」。怒鳴ってしまう教員側の思いもわからなくはないのですが、やはり教員は学校教育という場で子どもに対しては怒鳴ってはいけない。反抗的な態度を取る子どもはもちろんいます。対教師への暴力行為を働く子どもだっています。僕の身体には子どもにつけられた傷が今もあるし、いきなり、高学年男子にみぞおちを殴られて数秒間呼吸が止まった経験だってあります。しかし、大人である我々が本気を出して怒鳴り続けて子どもを追い込み続ければ、いずれは「どちらかが」ギブアップして学校へ通えなくなります。つまり、その道の先には決してハッピーエンドは待っていない。双方の心に消えることのない傷を残すのです。

それにしても、学校現場は子ども相手に「怒鳴る」ことに寛容です。

「先生が怒鳴るほどの悪いことをした子どもが悪い」

多くの教員と子どもたちは心の中でそう思っています。でも、果たして本当にそうなのでしょうか。子どもは間違えながら成長していきます。それが良い行いか悪い行いかの判断がつかないこともあるでしょう。仮に悪いと分かっていても、してしまうことがあります。そうして失敗を繰り返していきながら、子どもは成長していきます。

「失敗してしまったときはしっかりと『叱って』あげるのが教育だ」

これには何の異論もありません。しかし、日本の教育現場における「叱る」には「怒鳴る」が含まれがちです。僕はここを明確に分けたいのです。

そこで、僕から新しい言葉の提案があります。「諭す」というのはどうでしょうか。我々の職業は「教諭」のはずです。怒鳴るという手法に頼らなくても、子どもたちを導いてあげられるのではないでしょうか。「叱る」と「怒鳴る」は分けきれなくても、**「諭す」と「怒鳴る」は分けられるはず。**自分の湧き上がる感情をグッと抑えて、冷静に言葉で「諭して」あげることが本当の教育者の姿なのかなと、いつも自分に言い聞かせています。

僕が怒鳴らなくなったきっかけとして、ある言葉があります。

「人前で怒鳴るということは感情の抑制ができない人間だ」

この言葉はとても胸に刺さりました。対人間、ましてや子どもたちと関わる仕事なので感情を抜きにはできない仕事ではありますが、喜怒哀楽の「怒」に関しては抑制していかないといけないと強く思った言葉です。

叱る
○
×
諭す
○○しないためには
どうしたらいいか
一緒に考えようか
冷静に言葉で諭す
怒鳴る
○○するな!!
心に傷を残す

クリスマスに気をつけること

当たり前のことですが、クラスの中には様々な家庭環境の子どもたちがいます。一昔前までは「この手紙をお母さんに渡しておいてね」と言っても問題だと感じる先生は少なかったはずですが、今は問題があることに気がつく先生も多いかもしれません。すべての子どもの家庭に「お母さん」がいるとは限りません。実際、僕が新任で担任したクラスには「父子家庭」の子どもがいました。校区内に児童養護施設がある場合は、「親」という存在を知らない子どもがいるかもしれません。そこで僕たちは「この手紙をおうちの人に渡しておいてね」と言い換えるのです。

では、クリスマスに気を付ける話題は何でしょうか。もちろん「サンタさん」や「プレゼント」ですね。子どもたちの中にはクリスマスにプレゼントがもらえない子どもがいるかもしれません。ついつい、僕たちは全ての子どもがプレゼントをもらっているという錯覚をしてしまうときがあります。そもそも、家庭の宗教上の理由により、クリスマスという日に特別なことをしていない家庭もあるかもしれません。

そのように考えると、学校教育の中であえて「クリスマス」の話題を教員から話すのは、これからの多様な価値観を認めていく社会の流れで考えると良くないという視点もあるかもしれません。しかし、そうなると、七夕だって初詣だって宗教に関するものになります。それらをまったく扱わないというのも現実的ではありませんし、そもそもこれらは「文化」として日本に根づいている側面もあります。**大切なのはそのような「視点」をもっているかどうかだと思います。**さきほどの、「お母さん」を「おうちの人」と言い換えられるような「**想像力**」が学校の先生には常に求められているのです。

真面目な子が損をする教室

教室には様々なタイプの子どもがいます。そして、それが不可能とわかっていながらも、我々教員はすべての子どもに「目を配りたい」と心の底では思っているはずです。しかし、実際の教室ではそういうわけにはいきません。

我々教員はついつい「気になる子」へのアプローチが多くなってしまいます。ここでの「気になる子」は様々です。「授業中に離席をしてしまう子」、「思ったことが直ぐに口から出てしまう子」、「トラブルが多い子」など他にもたくさんあるでしょうが、いずれにしても「気になる子」というのは学級の中に一人や二人や三人や四人くらいはいるものです。そして、その子たちのことばかりを考えてしまいます。

「気になる子」の「気になる行動」がどうしたら「収まるのか」

この思考自体は自然だと思います。しかし、そのことばかりに教員側が囚われてしまうことで「気にならない子（以下、真面目な子）」へエネルギーをかけることができないのではないかと思うのです。

「真面目な子」は一見「ほっておいても大丈夫」と思われがちです。たしかに、集団行動で「気になる行動」がないのであれば「個別対応」をする必要はないと思うでしょう。しかし、その「真面目な子」たちだって学校生活の中で「困る」ことはたくさんあるはずです。でも、そういう子たちは得てして相手の心情を読むことに長けています。

「今、先生は忙しそうだから話しかけないでおこう」

そのような子どもらしからぬ「気遣い」ができてしまうこともまた、彼ら彼女らが「真面目な子」と認識されてしまう要因にもなっているから皮肉です。結局、自分の気持ちを押し殺せる子どもたちは誰にも頼ることができずに学校生活を過ごしているのです。

「気になる子」はよくトラブルを起こします。そして、教員の中にはそのトラブルを「学級全体の問題」として「全体指導」をすることがあります。「真面目な子」たちは、そんな全体指導の場でも黙って自分の考えを押し殺して先生の話を聞いています。ときに、先生が声を荒げようともただただ黙っているのです。いえ、それだけではなく、先生がその場で求めているであろう意見まで出せる子どもがいるのだから、なんともまぁ「気遣い」ができる「真面目な子」だなと傍から見ていて感心することさえあります。

小学校という場ではこのような「全体指導」が割と頻繁に行われます。ひどい先生だと授業時間を潰してこのような指導を行うこともあります。全体指導が必要ないとは言いませんし、全体で共有したほうがいい指導内容もあるでしょう。しかし、小学校はその頻度があきらかに多いと感じてしまいます。実際、クラスの全員が関わるような事案なんてほとんどありません。仮に多数の子どもが関わっていたとしても、関わっていない子どもはやはりその指導を受ける必要はないのです。「連帯責任」にも通じるこの文化が平然と成り立つのもまた、日本の教室にいる多数の「真面目な子」たちの「我慢」なのだと、小学校教員は認識を改めるべきなのです。

「『気になる子』の『気になる行動』が、先生の『粘り強い指導』で改善された」

僕はこんな事例をあまり聞いたことがありません。結局、「忘れ物」だって「トラブル」

だってすぐになくなることはありません。子どもとは失敗をしながら少しずつ成長していきます。その失敗ごとに指導をしたとしても、すぐには改善されないでしょう。いや、逆に言うと、すぐに改善されるくらい「強いエネルギー」をもって大人が子どもを指導すると「反作用」として別の問題が生じるとさえ思っています。毎日の苛烈な「忘れ物指導」により「学校へ通えなくなった」という事例はTwitter上でも散見されます。子どもとは不器用な生き物です。我々は長い目をもって、子どもたちの成長を見とっていかなければならないのです。

なにより、そのような苛烈な指導を日々、目にしなければならない「真面目な子」たちが気の毒で仕方がありません。例えば、家庭内のＤＶを目撃した子どもの影響については様々な研究がなされていますが、それと同じようなことが教室内で起こっているとしたら、それは教育の現場として由々しき事態ではないでしょうか。

学校にたくさんいる「真面目な子」たちが心置きなく「困難さ」を表出でき、「気になる子」が苛烈な指導を受けなくてもいい環境を早急に作ることが小学校の急務だと思うのです。

感謝の手紙で感謝嫌いになる子ども

学校という場には様々な方がゲストティーチャーとして来てくださります。また校外学習として、教室の外へ出て様々な場所で学ぶこともあります。特に、生活科や社会科の学習内容は子どもたちの身の回りの生活からの学びが多いので、どうしてもそうなるのです。地域の高齢者の方に「むかしあそび」を教えてもらったり、地域の浄水場へ施設見学をさせてもらったり。そしてその都度、子どもたちが書かされる「感謝の手紙」。

「感謝とはにじみ出るもの」

僕はそう思っています。もちろん、感謝の意味を子どもたちに教えないといけないこともあるでしょう。礼儀として感謝が必要な場面で全員にさせることもあると思います。でも、それが何回も何回も繰り返されたとき、子どもたちは「感謝」のもつ意味を忘れ、それが「形式的」なものになるのではないかと危惧しているのです。

これは学校の特徴でもあるのですが、学校は本当によく「書かせます」。しかも、そこに「書かなくてもいい」という選択の余地はありません。「全員にしっかりと書かせる」。これをもって平等だという「悪しき平等の文化」が確かに存在します。子どもたちの中には確実に「書くのが苦手」な子どもが存在します。その子たちは毎度書かされる「感謝の手紙」を「憎んでいる」かもしれません。「憎しみ」や「苦しみ」の末に書かれた「感謝の手紙」のどこに価値があるのでしょうか。**僕はこれにまったく教育的な意味を感じないのです。**

感謝は直接その場で伝えるものだと思います。先程も書きましたが、「礼儀としての感謝」は確かに存在します。ゲストティーチャーや施設の職員への感謝を学級として伝える行為自体を批判しているわけではありません。ただ、「感謝の手紙」になると話は別です。「手紙」を書くにはとてもエネルギーが必要です。現代社会では手紙離れも深刻で、我々大人でさえ滅多に手紙を書きません。そんな中で子どもたち「全員に」書かせる感謝の手紙はやはり害悪であると感じるのです。

どうしても「書きたい」とか「伝えたい」と思う子どもは書けばいいのです。でも、それをするとこんな反論が聞こえてきます。

「手紙を出すなら、全員が書かないと相手に失礼だ」

ここにも「悪しき平等の文化」がしっかりと根づいているのを感じます。クラスにいる子ども全員が「感謝」などできるでしょうか。その時間を全員がしっかりと楽しめるなんてありえません。そんなもの教員側の甘い甘い幻想です。繰り返しますが、「礼儀としての感謝」は「直接その場で伝える」ことで完結できていると思います。手紙をもらう側にしても「ありがとうございました」しか書かれていない手紙を何十枚ももらっても困るのではないでしょうか。

仮にこの活動が「手紙を書く練習」だと思って取り組ませている教員がいるなら、これこそ相手に対して「失礼極まりない」と僕は断じます。そんなものは間違っても相手に出すものではありません。**学習の一環としてそのままプリントファイルに綴じておけばいいのです。**

文章が苦手…
またこれか…
感謝の気持ちを書きなさい
繰り返しの感謝活動で「感謝」が形式化する
興味あるので楽しかったです!
本日はありがとうございました!
本来「感謝」とはにじみ出るもの

ごめんねいいよ指導

学校現場で一番多い仕事は「児童間のトラブル対応」かもしれません。それもそのはずで、子どもたちはまだ「他人との適切な距離」を掴めていません。トラブルを繰り返しながら、自分と相手の心地よい距離感を掴んでいくものだと僕は考えています。だからこそ、トラブル対応は小学校教育の真髄であると信じている僕が不満をいだいている指導が「ごめんねいいよ指導」です。

二人の児童が喧嘩をしています。話を聞くと、片方が手を出してしまったらしいのです。喧嘩の仲裁をした先生が双方の話もそこそこに「じゃあ、謝りなさい」と言い、加害児童が「ごめんね」と言います。被害児童はそれに対して「いいよ」と言う。これで解決したという指導です。

この書き方だけだと、なんでこんな指導がまかり通っているのかと不思議に思う方もいるかもしれないので、少し補足説明をさせてもらうと、おそらくこの指導の目的は子どもの気持ちに「区切り」を付けるためかと思います。「謝罪」にたいして「許し」をさせることで、問題を終わらせて次の活動につなげようとする。おそらく、保育園や幼稚園レベルでは割とよくある指導なのだと思います。実際、それくらいの年齢の子どもたちはこの「ごめんねの儀式」と言われる指導で気持ちに区切りを付けられる子どもが多いそうです。

さて、それではこの指導がそのまま小学校でも行われることはどうなのか。もちろん、この指導で気持ちに区切りを付けることができる子どもがいないとは言いません。子どもの心の年齢は実年齢通りではないこともたくさんあるでしょう。でも、そうだからこそ、トラブル対応にはもう少し慎重になるべきという意見もまた尊重されるのかと思います。

教員側の都合の話をすると、実は「児童間のトラブル対応」は当該児童だけの問題ではないのです。その子どもたちの保護者もその行方を気にしていることがあるのです。子どもがモヤモヤを残して帰ったあとに、保護者にそのトラブルのことを話して、保護者がその件について学校へ電話をかけて内容を詳しく聞くということはもはや日常茶飯事です。そのときに教員側の言い分として「謝罪と許し」があったことを伝えるのです。一応の対応はしましたよ、というアリバイ工作にもなってしまっている側面が見え隠れします。でも、こうなってしまっては、それはもうトラブル対応ではないですし、冒頭で述べた「トラブル対応は小学校教育の真髄」という言葉が寂しく響きます。

実はこの「ごめんねいいよ指導」にはさらなる弊害があります。それは子どもの認識に及びます。つまり、このような指導を繰り返されてきた子どもたちは「ごめんねと言えば、いいよと言ってもらえる」という誤った学びをしてしまうことがあるのです。でも、人間の心はそんなに簡単ではありません。謝られても許せないこともあるでしょう。しかし、「ごめんねの儀式」にはその「余白」がありません。なぜなら、その目的が「区切り」を付けることなのだから。実際、子どもたちはこんなことを教師に訴えてきます。

「あの子、僕が謝ったのに許してくれない！」

これは対人関係における大きな歪みではないかと僕は危惧しています。

ここで、僕のトラブル対応の方法を紹介します。

まずは、双方の話を一人ずつ聞きます。このときの注意点としては「話を割り込ませない」です。興奮している場合もあるので、落ち着いて話せる子どもの方から話してもらって、それを聞きながら落ち着いてもらうクールダウンの時間にしてもいいかもしれません。そうやって一人ずつの話をしっかりと聞いた上で、僕がそのときに起こった出来事をはじめから終わりまでストーリーにして話します。そして、双方にそれで間違いがないかを確認します。間違いがあれば、丁寧にストーリーを訂正していきます。このようなトラブルのほとんどは教員が見ていない所で起こるので、このストーリー作りが大切です。

ストーリーの確認作業が終われば、あとは、教員がそれを聞いて感じた点を双方に伝えます。「言い方が悪かった」、「手を出す前に口で気持ちを伝えればよかった」など、次に同じような場面があったときの対応をアドバイスします。

最後に、双方に「言い足りないことがないか」を必ず確認します。どうしても教師側が主導で話を進めがちになってしまうので、複数回、子どもたちが話をする機会を作ります。

ここまでの対応をすると、やはりどうしても時間がかかります。休み時間の10分間で終わらないこともしばしばあります。しかも大抵のトラブルは、休み時間の終わりに起こるので、授業開始のチャイムからトラブル対応ということもあります。そんなときには「この授業が終わって、まだ話し合いたいと思うのならおいで」と声をかけることもあります。気持ちを切り替えるのが上手なのもまた子どもです。トラブル対応をあえてしなくても次の休み時間にはまた遊び出すということも、これまたよくあります。そういった場合には、時間のあるときに「さっきのトラブルどうする？」とこちらから聞いてあげてもいいかもしれません。大切なのは子どもの気持ちに「モヤモヤ」を残さないこと。不満は時間が経って増幅することもしばしばあります。

でも、その「モヤモヤ」が生活指導において大切になるケースも合わせて紹介します。例えば、加害児童の行いがどうしても許せない被害児童がいた場合は、加害児童に「ごめんね」を言わせた上で、被害児童に「いいよ」を言わせないというものです。

「あなたのしたことはとてもひどいことです。だから、すぐには許してもらえません。これからのあなたの振る舞いを先生たちは見ています。『ごめんね』には『もうしない』という意味も含んでいますよ。」

このように加害児童に「区切り」を付けさせない。このような指導も大切なのかと考えます。

「みんな遊び」はするべきではない

「みんな遊び」という言葉をご存知でしょうか。これは休み時間などを利用してクラスの子どもたちの仲を深めるなどの目的で行われる活動です。参加の形態は様々でしょうが、クラスの親睦が目的なのでクラスの子ども全員で行われることが多いです。**僕はこの活動に断固として反対の意をここで表明したいと思います。**

理由は単純明快で「休み時間は子どもたちの自由な時間であり教員は教育活動を設定すべきではない」ということです。当たり前ですが、子どもたちの興味・関心は多種多様です。もちろん休み時間にやりたい活動だって十人十色です。外で鬼ごっこをしたい子、ドッジボールをしたい子、日向ぼっこをしたい子、教室で本を読みたい子、おしゃべりをしたい子、ゆっくりトイレへ行きたい子…。それらの思いを全部ぶったぎって「一つの活動」を全員に半ば強制的にさせるということのおかしさに我々教員は気付かないといけません。

クラスの親睦を図るという目的自体を否定しているのではありません。教員側がそのような教育活動を設定したいのであれば「特別活動」などの「授業時間」に設定すれば、僕はそこに何の不満もありません。子どもたちがクラスのことを考え、話し合い、親睦を深める必要性を感じて「みんな遊び」をすれば良いのです。それを「子どもは遊ぶのが好きだから」とか「クラスのためだから」とかそんな理由で「子どもの自由な時間を奪う」というその感覚が僕は許せないのです。

子どもたちは従順です。教員が「クラスのみんなが仲良くなるために休み時間はみんなな遊びをしよう！」と声をかければほぼ全員が何の疑いもなく参加します。数名の違和感を覚える子も、その違和感を口に出せないような同調圧力がそこにはあるでしょう。教員の働きかけというのは「強制力」を伴うことが多いのです。「嫌なら教室にいてもいいよ」はその効果を発揮されないまま教員側の逃げの口実に使われてしまうことになるのです。

そもそも、我々小学校教員は「休憩時間が取得できない職業」ということをご存知でしょうか。休憩時間の設定は一応あるものの、その時間に会議を設定されたり、放課後指導をしていたり、酷いものでは「給食時間を休憩時間」に設定している管理職までいると聞きます（これは本当に悪質です）。そんな我々が子どもたちの「休憩時間」を奪ってしまってどうするのでしょうか。「みんな遊び」とは本当に悪質なブラック活動だと僕は断罪したいと思います。

僕は常々子どもたちに「君たちは自由だ」というメッセージを発信しています。人間は基本的に「相手の自由を侵害しない限り」は自由なのです。しかし、これが難しい。例えば、「授業を妨害する自由」はありません。「授業を静かに受けられる自由」を侵害するからです。だから、このメッセージの意味については毎年、子どもたちとその意味を考えながら「作り上げていく」イメージです。僕だって「本当の自由」とは何かを明確に言語化できていません。だから、場面毎で子どもたちと話し合います。自由とは「そこにある」というより「作り上げる」ものなのでしょうね。

休み時間
みんな遊び
やるよ〜〜
ぎゅう〜
休み時間

給食指導の闇

みなさんは嫌いな食べ物がありますか。僕は子どもの頃、どうしてもトマトが苦手でした。あの独特の酸味は口に入れると身体が拒絶反応を起こし、えずいてしまうほどでした。しかし、6年生の修学旅行で行った鍾乳洞の出口で売られていたトマトに塩をかけて食べると何故か美味しく感じられ、それ以後は好んで食べるようになりました。

味覚というのは人によって大きく異なります。そしてこれは「感覚」の話なので、練習して改善が望めるのかというと、そういう類いのものではなさそうです。実際、大人になっても嫌いな食べ物がある方はいらっしゃるし、学校の先生にも嫌いな食べ物がある人はけっこういます。

少し話はそれますが、担任をもっていない先生は通常、給食指導がありませんので、職員室で食べるのですが、そこの配膳の様子を見たときに驚きました。「○○先生は洋食の味付けが苦手だから少なめ」とか「○○先生はニンジンが食べられない」とかそういうメモ書きをもとに配膳していたのです。これは稀有な例かもしれませんが、子どもたちが見たら「いいなぁ」となるかもしれませんね。

さて、小学校の給食指導には闇があるなと常々感じています。国語や算数の授業と同じように「毎日ある」のが給食です。この時間が子どもにとって辛く苦しいものであったとしたら、それは登校するのをためらう理由として十分な気がしてしまいます。

「残食が多いクラスは荒れている」

現場ではこのような言説がまことしやかにささやかれています。実際、僕も新任の頃、日々の忙しさに給食指導まで手が回らず、数日間の残食が出たときに管理職に呼び出されて「学級が荒れているのか？」といきなり問いただされ驚いた経験があります。どうやら、給食調理員の方が管理職へ僕のクラスの残食の量を報告していたようです。

この言説が正しいかどうかはさておき、学校によっては残食に対するネガティブなイメージがあり、それによって給食指導そのものが歪んでしまう例もあるのではないかと危惧しています。

例えば「食べ終わるまで休み時間はなしで給食時間延長」なんてものは僕の勤務校でも見られる光景です。先生側の言い分を聞くと「人によって食べるスピードは異なるから、そのための配慮」というものもありますが、その子たち「全員が」給食時間延長を望んでいるかはおそらく確認していないはずです。食が細い子は毎日昼休みがなしなんてことも起こりえます。

他にも「食育」という観点から「嫌いなものも残さず食べよう」という指導もあります。しかし、幼い頃の僕のように苦手な食べ物は身体が拒絶反応をおこしてえずいてしまうほどの子どもの場合、それは担任の「情熱と粘り強い指導」があったとしても改善されるとは到底思えないのです。むしろ身体は拒絶していることを連日繰り返しさせられるなんて「拷問」に近しいものを感じてしまうのは僕だけでしょうか。

僕のクラスでは「均一配膳」、「減らしを認め、増やしで食べきり、残食少々」で給食指導を実践しています。

まず「均一配膳」についてです。給食は子どもたちが配膳します。子どもたちの中には、上手に配れる子もいれば、クラスの人数に合わせて等分して配膳するのが難しい子まで様々です。だから、教師ははじめに「基準」となる盛り付けを給食当番の子どもの目の前でやってみせてあげることが望ましいと考えます。食べる量は子どもによってそれぞれですが、給食指導は時間との勝負です。準備、運搬、配膳、喫食、片付けを40分程度でこなさないといけないわけなので、喫食を最低でも25分は取ってあげたい。そのためには、残りの作業を15分でしないといけません。そこに「配膳のオーダーメイド」を子どもたちに命じれば時間が多くかかってしまう。子どもたちにはなるべくシンプルな仕事をお願いするほうが時間はかかりません。

次に、「減らしを認め、増やしで食べきり、残食少々」ですが、これは、もうそのままです。「いただきます」の合図のあと、「減らし」をしたい子どもは配膳台前にきます。現在はコロナ禍でもありますので、マスクは外さずにそのまま来てもらいます。手をしっかりと消毒した担任の僕が子どもの要望に合わせて「減らし」をします。このときに「全く食べない」はなるべくさせないようにしています。子どもと相談しながらにはなりますが、「小指の爪の先くらい」に減らすこともよくあります。「全く食べない」というのは子どもに「罪悪感」をもたせてしまうことがあります。それに大きな声では言いづらいですが保護者の方の心証が悪い場合もあるからです。このあたりは各家庭の教育方針の話なので僕が口を出すものでもないので、「全く食べない」はほとんどさせていませんが、それでもどうしても苦手そうな子どもには、そっと近づいてティッシュにくるんで…ということもします。この指導が正しいかはわかりませんが、やはり僕自身の経験上、「苦手な食べ物は練習をしてもやはり無理」だと思っているのでそれでいいのかなと思っています。僕と同じように「何かのきっかけで食べられるようになれたらいいな」と願いを込めてそのティッシュをそっと捨てています。

あとは「増やし」です。「おかわりタイム」にしないのが大切です。「おかわり」だとおなかいっぱいになってしまう子がたくさんいて、配りきれない可能性があるからです。食べ終わったあとの「おかわり」ではなくて、やはりお腹が空いているときに「増やし」として配ったほうが子どもたちもよろこびます。人数がいつも多くなるので、毎日じゃんけん大会になります。子どもたちの中には僕のジャンケンのクセまで見抜く子まで現れて毎日大変です（もちろん、コロナ禍ですので静かなジャンケン大会ですよ）。

最後の「残食少々」ですが、我々教員が「残食ゼロ」という目標を掲げてしまうことは危険だなと思っています。それが子どもたちへのプレッシャーとなる可能性が大いにあります。もりもり食べられる子どもでも、日によっては食べられない日もあるでしょう。見た目と味のイメージが違う給食もあるはずです。作ってくださった感謝は忘れずに、でも、食べきれないなら無理はしない。無理やり食べられて給食が苦手になられては食育も何もありません。それくらい「食事」というのは大切なのです。もちろん残食が続いてしまう子には「減らし」を勧めたりと個別の声掛けも必要です。

不登校対応は片手間になってしまう

2019年度に全国の小中学校で不登校だとされている子どもは18万人います。現在の不登校の定義としては「病気や経済的な理由によるものを除き」、「30日以上」の欠席の子どもを指します。

小学校では約5万3000人が不登校で、全体の児童生徒に占める割合は0・8％だそうです。

「100人の小学生がいれば、そのうちのおよそ1人は不登校である」

これは決して低い数字ではありません。ある程度の規模の学校なら不登校の子どもは存在するのです。しかし、これに対応する人員が今の学校にはありません。どうしても担任の先生が「通常の業務」をしながら片手間で「不登校対応」にあたることになるのです。

しかし、「不登校対応」と一言でいってもそれは多岐にわたります。「毎日の手紙の受け渡し」、「個別の学習課題の作成、配布、点検」、「保護者との面談」などなど。それは決して「片手間」でできる範疇を超えているのです。つまり、今の学校では一度、不登校になってしまった子どもは「自力」で解決できない限り不登校からは抜け出しにくいのです（もちろん、学校に通うことのみが正解ではありませんし、子どもたちの教育の場は様々な場所があると思っていますが、今回そのことは議論しません）。

そもそも「教室に入れない」子どもたちを、「その教室へ戻す」ことが不登校対応のゴールなのかと言われれば、僕はそれだけではないと感じてしまいます。担任の先生の指導方法がどうしても合わない、クラスメートとのトラブルがどうしても耐えられない、学習がわからなくて辛い…。根本の原因が解決すればいいのですが、これらは一朝一夕には解決できない問題であり、逆にそれが直ぐに解決をするのならば、子どもたちは「不登校」という選択をしなかったはずです。

そうなると、「教室以外の居場所」を作るということも選択肢に含めるべきではないかと思います。実際、保健室登校という言葉は以前から存在していました。しかし、保健室登校でさえ「通常の業務」の「片手間対応」なのです。やはり「不登校対応専門教員」という存在がどうしても必要になってくるのです。

僕は以前、特別支援学級の担任をしていたときに、合わせて「不登校対応」もしたことがありました。きっかけは学校の玄関で泣いていた保護者を見かけて話を聞いたことです。教室にはどうしても入れないその子は学校の玄関で暴れて家に帰ろうとしていました。「教室以外の居場所を作ろう」と管理職に相談し、僕の特別支援学級の教室の1画をパーテーションで区切って、その子の部屋にすることにしました。聞けば、各学年にもそのような「教室に入りにくい子」がいるということで、その子たちをまとめて僕の教室で預かったのです。支援学級の子どもたちとの交流も生まれ、その子たちにも「居場所」ができました。

「学校内に教室以外の居場所を作る」

これには根強い批判が存在します。学校の先生の中には「そんな居場所を作ったら、子どもたちは甘えてそこに集まるようになる」と本気で思っている人が多くいます。でも、どうでしょうか。それは本当に「甘え」なのでしょうか。辛くて逃げ出したくても逃げ出せない環境で、子どもたちの苦しみに目を向けずに環境を調整しない教員側の姿勢そのものが「甘え」であると思えて仕方がありません。

不登校対応は片手間ではできない
「学校内に教室以外の居場所を作る」も選択肢に含める

先生からのお願いは命令

小学校の先生として気をつけていることがあります。それが「子どもへのお願い」です。教室において教師とは「権力者」です。このように表現すると違和感を覚えてしまう方もいらっしゃるかもしれませんが、**これは紛れもない事実であり、むしろそのことに無自覚でいるほうが危険だとさえ僕は思っています。**学校の構造上、教員という指導者が権力をもっているというのはある程度仕方のないことであり、それがあるからこそ円滑にいっている側面ももちろんあります。特に小学校では、学級担任制なのでその権力は他の校種と比べてもより一層強くなりがちです。「学級王国」なんて揶揄されることもあるくらいですからね。

そんな「権力者」たる先生から発せられる「お願い」というのは、受け取る子どもにとっては拒否し難い「命令」になってしまうことがあることは、想像に難くないでしょう。

しかし、我々教員はそのことについつい無自覚になりがちで、子どもたちに平気で「お願い」をしてしまいます。

学級には、黒板をキレイにする「黒板係」や配布物を配る「配り係」などの「係活動」や、給食を配膳する「給食当番」や決められた場所を掃除する「掃除当番」などの「当番活動」は存在します。しかし、当然ながらこの全てで学級内の仕事が完結できるわけではなく、例えば、ゴミ捨てだったり、教材を教材倉庫から運ぶなど、突発的に生まれる数々の仕事があります。そして、それらすべてを教員一人でするのはとても困難なのです。そして教室を見渡せば「お願い」できそうなたくさんの子どもがいる。

実は、多くの子どもたちは先生から「お願い」をされるのが「大好き」です。むしろ、その「お願いされた仕事」を取り合い「じゃんけん大会」が開催されるくらい好きなのです。ゴミ捨てという先生からしたら面倒くさい仕事も、子どもたちにとってはそれが魅力的に映るのだから、子どもたちのもつエネルギーには毎度感心させられます。そして、だからこそ、我々は「すべての子どもたちはお手伝いが好き」だと錯覚をしてしまいます。

ある場面を紹介します。算数科の授業が終わるチャイムが鳴りましたが、どうしても算数が苦手なある子は最後まで計算ドリルが終わりませんでした。それが終わるまで休み時間がとれないので、その子は必死で問題を問いています。本当は、先生が個別支援をしてあげたいところなのですが、職員室へ行かないといけない用事があることを思い出しました。そこで教室を見渡すと、いつも教室の隅で読書をしている算数が得意な子を見つけました。先生はその算数が得意な子に声をかけます。

「あの、もしよかったら、この子に算数を教えてあげてくれないかな？」

言い方はとても丁寧ですし、とても「命令」には聞こえませんので、断ることも一見、可能に見えます。しかし、ここは教室であり、お願いをしているのは先生です。その子は「休み時間に本を読むことだけを楽しみに学校に来ている」なんて話は先生にしたことがありません。その子はそんな内面を悟られないように笑顔で「わかりました」と答えたのを見て、先生は急いで職員室へ行きましたとさ。

もちろん、これは架空の話です、と言いたいところですが、実際に僕が見たことのある場面です。この話には続きがあります。当時の僕は、支援学級の担任をしていて、その学級へ入り込んでいた立場だったので、その子のこともよく知っていました。僕は、その子に「先生が教えておくから、あなたは本の続きを読んでおいてもいいよ」と伝えると、その子は安心したような顔を見せて自分の席へ帰っていきました。

このエピソードでは、運良くその子の心情に気付けた僕がその場にいましたが、立場が変わって自分が担任だったら、軽い気持ちでその子に「お願い」をしていたかもしれません。それくらい、この「お願い」という行為の裏側に潜む「命令」という側面に先生という立場の大人は気が付きにくいのです。僕だって、このエピソードがなければ、無自覚に「お願い」を行使する「権力者」になっていたかもしれません。

子どもに「お願い」したいとき
本当にお願いしても
大丈夫？
念を押す
〇〇を手伝っても
大丈夫な人～？
ハ～～～～イ！
全体へ公募

僕が「お願い」をするときは、「全体へ公募して公正に決める（ジャンケン大会）」か「本当にお願いしてもいい？」と念を押すようにしています。そして何より、子どもたちに僕からの「お願い」を「断りやすい」関係でいられるように意識しています。しかし、これは言うほど簡単ではありません。教室にいる教師がもつ「権力」は簡単には崩せません。大事なのはこのことを心に常に留めて置けるかどうかだと思っています。

「人によって態度を変えるな」という理不尽

人によって態度を変えてはいけないという指導をする先生を目撃したことがあります。その子どもたちは先生によって行動を変えていたようなのです。厳しい先生の前ではしないことを、優しい先生の前ではしてしまう。そのような子どもたちの態度に納得できない先生による指導だったのです。たしかに、言いたいことはよくわかりますが、僕たち、大人だってそういうことはあるよなと思いながらその指導について考えていました。

人と人との関わり方というのは、その関係性や環境によって大きく異なります。先生の前でしないことを、保護者の前ではしてしまったり、家ではしないことを、学校ではしていたり。

少し話は逸れますが、個人懇談会などで家庭での子どもの様子を保護者から聞いていると、普段教室では真面目に過ごしている子どもが、家では何もせずダラけているというのはよくある話です。保護者は家でのお子さんの姿を見て心配ですと言うのですが、学校では何も問題がなく、むしろ積極的に活動に参加していることを話しても、家での子どもの姿と違いすぎてなかなか信じてもらえないくらいです。

人はいくつものも「仮面」を持っていて、子どもでもそれを上手に使いこなしながら「自分のバランス」を取っているのかななんて僕は考えています。いつも「真面目」でいることは大人でも疲れてしまうものです。どこかで息抜きができる場所は必要なのです。

さて、この「仮面の使いこなし」は学校の中でも行われます。「ここまでやっても許される先生」というのはいます。それが良いか悪いかというのは、そこでの両者の関係性によるものなのです。それが指導の中で良くない影響を出しているのならば、本来、その両者によって解決されるべき課題なのです。しかし、学校の生活指導において、子どもたちには、その態度の「一貫性」が求められます。どの先生にも同じように「関わるべし」というものです。これは本来の「コミュニケーション」ではありません。そこにいるのは

「生身の人間」ではなくて「先生」になってしまっています。冒頭の指導のどうにも僕が納得できない点はここの部分なのでしょう。

しかし、学校の生活指導というのはこのような方針が至る所で使われてしまいます。その要因として「個人レベルで指導ができない」先生が一定数存在してしまうこともあるのでしょう。「個人」での指導が成り立たないのならば、組織として子どもたちの態度に関する生活指導を行わなければならず、そこに「生身の人間」は必要なく、「先生」と「子ども」がいればいいということになるのです。

実はこれに関する問題は「〇〇スタンダード」と呼ばれる学校によくある「標準化問題」にも関係しています。「〇〇スタンダード」とは、生活指導や学習規律などの規則を学校単位で統一することで指導に一貫性をもたせる実践です。先生によって指導内容が異ならないというのは一見、納得感が高いようにも見えます。しかし、このようなやり方は80年代のアメリカの学校教育において「ゼロ・トレランス（寛容度ゼロ）」として行われており、一定の成果は挙げたものの、今では廃れてしまった実践でもあるのです。結局、生活指導というのは「コミュニケーション」の中でしか行うことができず、「規則の遵守」でしか指導の根拠がない先生の言うことを子どもは聞けないものなのです。

「子ども」を「指導対象」として扱い、「生身の人間」が「先生」になってしまうことで「コミュニケーション」ではない「何か」になってしまう生活指導というのは、最早、人間ではなくＡＩにでもできてしまうような仕事に成り下がってしまうのではないかと危惧してしまいます。

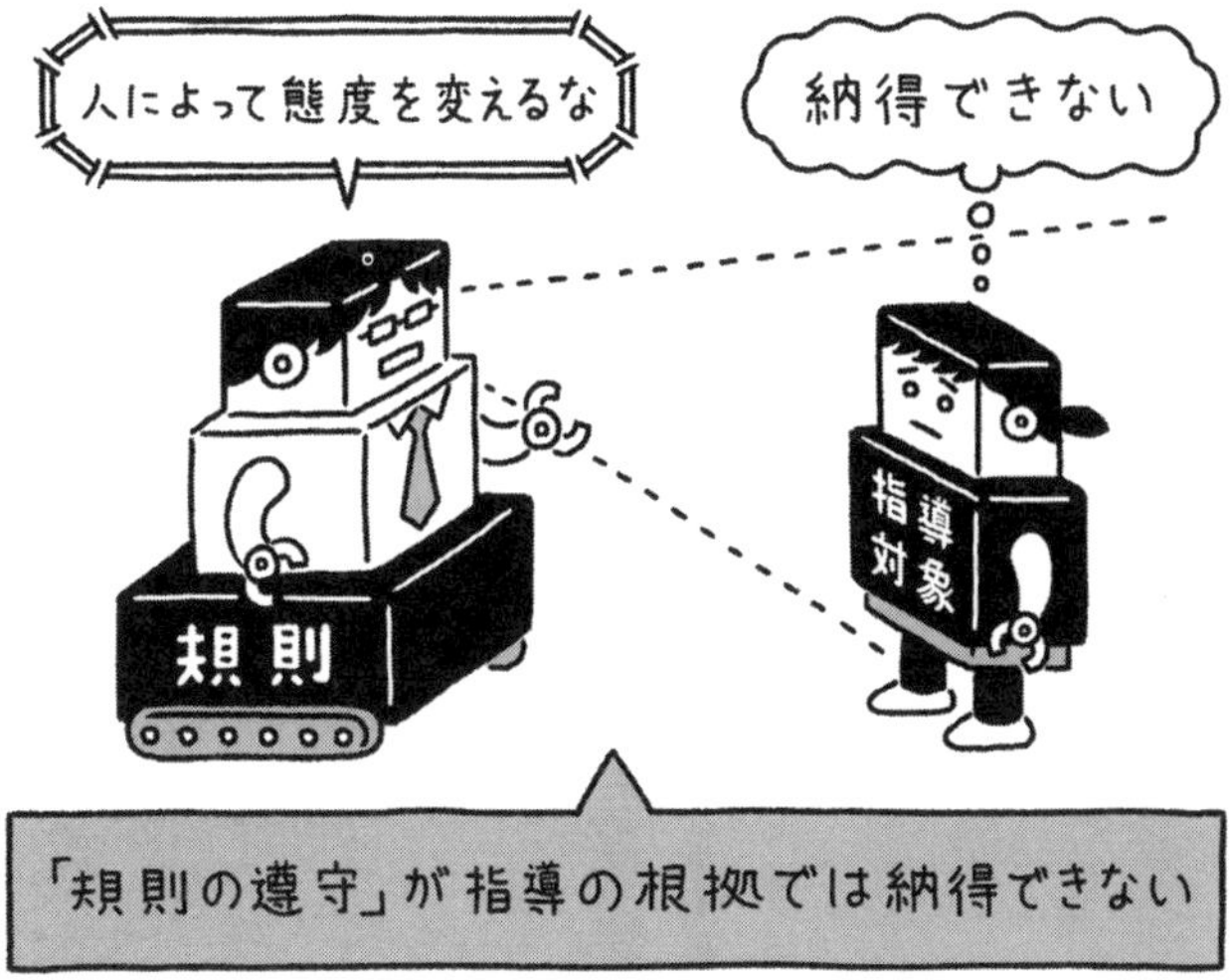
人によって態度を変えるな
納得できない
規則
指導対象
「規則の遵守」が指導の根拠では納得できない

たまにはやんちゃ
したくなるときもあるよな
ごめんなさい…
「人間」対「人間」のコミュニケーションで指導を

特別支援教育は教育の本丸

特別支援教育の実態というのは自治体によって大きく異なります。だから、これからする僕の話を読んで、その実態がイメージできる方もできない方もいるかと思います。

僕は特別支援学級を数年間経験したことがあります。そのうちの、一年間は5学級の主任として、また特別支援教育コーディネーターとして働かせてもらいました。そこで考えたことや感じたことというのは、今の僕の教育に関する考えの根幹を成す部分でもあります。だからこそ、多くの先生にこの経験をしてもらいたいと強く願うのですが、特別支援学級担任というのはその位置づけが、他の立場とは若干異なります。まずは、その実態についいて説明したいと思います。

学校で働く先生には様々な方がいます。もちろん、教員のお子さんが小さかったり、教員の身内さんの介護を理由に休みがちな先生もいます。「学校の先生」といってもその仕事内容はいくつかに分かれるのですが、ざっくりと分けると「学級担任」か「それ以外」かに分けることができると思います。

ちなみに、「特別支援学級」というのは「学級担任」になります。僕の自治体では「障害の程度」にもよるのですが、多くの「特別支援学級」に在籍する子どもは基本的に「通常学級」で過ごし、国語科や算数科だけ別室で個別の支援を受けるという形で支援を受けることが多いです。これは「原学級」を大切にする考え方であり、「インクルーシブ教育」の考えにも通ずるものです。「障害のある子ども」も「そうでない子ども」も同じ学級で学ぶことを基本とするものです。

さて、休みがちな先生がいるのはどうしても仕方のない問題です。実際、僕自身、まだ自分の子どもが小さいこともあり、頻繁に休みをいただく教員であることをここで伝えておきます。

管理職の考えからすると「通常学級担任」が「休みがち」というのは避けたいと思うよ

うです。学校というのは「平日は毎日ある」ことが前提ですし、一日5、6時間の授業を基本的には学級担任がすべて担当しています。つまり、「通常学級担任」が一日休むだけで、6コマ近くの授業に穴が空くのです。また、その授業内容を把握しているのも「学級担任」であり、休みの間の授業補填が難しいこともあります。「学級王国」と揶揄されてしまう小学校の教室は「担任の先生」がいないだけでその動きを止めざるを得ないという環境があります。(教員の「休みにくさ」に繋がる労働問題の話はまた別の機会にと考えていますが）その前提も踏まえた上でこれからの話をさせてもらいます。

休みがちな先生というのは、先程の前提から「通常学級担任」が難しいという事情があるため、どうしても「それ以外」の立場になることが多いです。その立場が「特別支援学級担任」なのです。仮にその先生が休んだとしても、担当している子どもたちは基本的に「原学級」で過ごすことになるので、休んだことへの影響が少ないというのがよくある理由です。

他にも「通常学級担任」を任せることが不安な先生に支援学級を任せるケースもありま

す。通常学級担任の業務量は多く、そこに不安を抱く先生も一定数います。しかし、これらは「学級担任至上主義」のようにも思えてしまいます。

これが現状のよくある特別支援学級をめぐる学校の実態です。繰り返しますが、これは自治体や学校によって大きく異なるので、必ずしも一般的な実態での解釈かどうかはわかりませんのであしからず。

ここからは、僕が「特別支援教育は教育の本丸」というその真意について述べていきたいと思います。特別支援教育の基本的な考え方は「個別支援」です。支援学級在籍の子どもには全員「個別の教育支援計画」と「個別の指導計画」の作成が求められています。つまり、一人一人の発達段階を考慮し、その子に必要な支援や指導を計画することができるのです。これは、通常学級ではまずありえないことです。通常学級では、学習指導要領というものがあり、教科書があります。個人のできるできないは基本的に考慮されず、学年と時期に合わせて学習課題が設定されています。これは学習指導要領の内容を６年かけて学習していくためには仕方のないことだとは思いつつ、現実の学級には「どうしてもできない子」が存在するため、そこはそれぞれの先生の考えで支援をしていくということになります。

しかし、そうは言っても40人の子どもたちに授業を行いつつ、数人はいる「どうしてもできない子ども」への個別支援をするというのは、なかなか困難であることは想像に難くないと思います。結局、ある程度は「ほったらかす」ということをしていかないと学級運営をしていくことができない事実に心を苦しまれる先生も多いかと思います。

しかし、特別支援教育というのは「個別支援」が基本です。個別支援は、言い方は悪いですが全体への「一斉指導」の中で「切り捨てざるを得なかった」子どもたちを救うことができるのです。この視点は「通常学級担任」として「一斉指導」をしていると得にくい視点なのです。

「その子どもの『困難さ』を中心に据えて学習課題を設定できる」

これはまさに教育の醍醐味であり、「人に教える」ということを体現しているとさえ思っています。このような特別支援教育の実践から我々が学べることは数多くあり、できればすべての先生に特別支援教育に携わって欲しいという僕の願いもここに繋がります。

ただし、先述の通り、特別支援学級の担任というのは希望をして必ずなれるとも言い難く、やりたくてもできないという先生も多いでしょう。僕の場合、管理職への希望を出し続けたことと、たまたま空席があったという条件が重なり運良く担当することができました。

しかしながら、僕は「特別支援教育」は「特別支援学級」でのみ行われるとは思っていません。「通常学級」でも十分にその理念は達成できると思っています。子どもたちを「学級」として見るのではなく、「一人一人の子ども」として見る。子どもの「困難さ」に寄り添う。子どもの発達段階を考慮して課題を設定する。どれも、言うほど簡単ではありませんが、そのような「個別支援」の考え方こそこれからの教育をより良くするためのキーワードであることは疑いようがありません。

あとがき

僕は「どこにでもいる普通の教員になりたかった」時期もある「変わった教員」です。その経歴はとても変わっています。小学校・中学校時代は和歌山県にある「きのくに子どもの村学園」で過ごしました。母校の関連本はいくつも出版されているので、この場では詳しくは紹介しませんが「日本で一番自由な学校」としてその筋ではよく知られており、その独特な教育実践は、一般的な学校の「当たり前」とは大きく異なります。

そんな学校で学生時代を過ごしてきたので、公立小学校で勤め始めの頃は学校の「当たり前」がまったくわかりませんでした。当時の勤務校は「単学級」でしたので、自分の学年のことはすべて自分一人でしなければならず、周りの先生にも上手に頼れず、孤独な中で「自問自答」を繰り返す日々でした。

「どうして、この活動をするのだろう。その意味は何なのだろう」

今思い返すと、僕の教育観はこのような日々で培われてきたのだとわかります。「当たり前だから」とか「教育書に載っていたから」とか「主任の先生に言われたから」とかではなくて「子どもたちに本当に必要な活動は何なのだろう」と試行錯誤を繰り返し「自分だけの教育観」を作り上げていったのです。

幸いなことに「単学級」だったため「隣のクラス」と比べられることもなく、また保護者の皆様もチャレンジ精神旺盛な若手教員を温かい目で見守ってくださり、時には励ましてくれる、そんな雰囲気の学校で務めることができたので、僕はより一層伸び伸びと働くことができました。

でも、同時に「普通の教員」への憧れもありました。周りの先生たちがベテランだらけ（単学級にはベテランが多く配属されていることが多いらしい）だったこともあって、「当たり前のことを当たり前にできる教員」を目指した時期もありました。仕事終わりに様々な研究会の授業発表にお邪魔したり、その後の飲み会に参加させてもらったり、勤務校以外の場所での学びは僕の指導技術を高め、教育観を広げてくれました。指導書や教育書を読み漁って、それと「同じ内容の授業」をするということもしていました。とにかく学校現場にある「当たり前」をガムシャラに吸収していました。

そんな日々の中で実践を重ねていくと、「難しい学年」を任されることも増えてきました。いわゆる、前年度に荒れてしまった学年です。「厳しさ」とか「規律」ではどうにもならない学級集団です。僕は「発想の転換」を求められました。当時の勤務校では「学級の荒れ」に対しては「厳しさ」とか「規律」で対応することが「当たり前」でした。実際、それで成功していた年も多くあったのです。でも、それで上手くいかなかった学年を任されたのです。「当たり前」というレールを走りながらも一人一人と丁寧に「対話していく」ことを続けました。そして、子どもたちの「楽しい」のためには「当たり前」を捨てることも大切だと気づきました。皮肉な話ですが、僕がガムシャラに集めた「当たり前」の外側には「楽しい」がたくさんあったのです。他の教員にはできない自由な教育実践の発想は子ども時代の経験が生きていたのでしょう。

そうやって実践を積み重ねていったある年に「特別支援学級担任」を経験することにな

りました。「個別支援」という視点を得て、僕の教育観はアップデートされていきます。さらに、育児休業中に始めたTwitterでは僕の奇抜な教育観を受け入れてくれる多くの方々がいました。気がつけば３万人近い方にフォローしていただいております（２０２１年５月現在）。「めがね旦那」という匿名アカウントのつぶやく「賛否両論」の「教育観」に対する反応を見て、僕の教育観はどんどんアップデートされています。

「教育を変えたい」

そんな風に思っていた時期もありましたが、今は正直、そこまでの大きな野望はありません。僕は自分の教育実践の中で考えていることを発信して、それに対する反応を見て、考えて、僕自身に還元していく。そして、それは僕の目の前の子どもたちの成長へ繋がっていく。

僕は小学生の頃から学校の先生に憧れていた子どもでした。その理由は単純明快で「大人になっても大好きな学校にいたいから」です。しかし、現在、様々な理由で「学校が楽しい居場所」ではない子どもたちがたくさんいます。僕はそれが本当に心苦しい。しかも、先生側だって学校の「当たり前」に縛られて、結果的に子どもたちの心を「追い詰めて」しまっていることもある。僕のちょっと変わった教育観に触れて、学校の「当たり前」から解放されて気持ちが楽になる先生や、そんな先生の指導を受けて「追い詰められない」子どもたちが少しでも増えたらこんなに幸せなことはありません。

今回の出版も僕のTwitterでの活動の延長です。僕はいつでもTwitterの世界にいます。この本を読んで感じたことはいつでも「めがね旦那」へぶつけてください。お返事できないことも多いですが、しっかりと読ませて頂きます。一緒に「答えの出ない迷宮」である「教育」のことを考えましょう。

めがね旦那

プロフィール

めがね旦那

1987年生まれ。育児休業中に始めたTwitterで独自の教育観に基づくツイートの発信を始めると開始数ヶ月でフォロワーが2万人を超える。学校の「当たり前」に対して疑問を投げかける内容の投稿が多い。特別支援教育や不登校対応にも関心があり、独自の実践を重ねている。また働き方も注目を集めており、2020年度には学級担任をしながら定時退勤かつ休憩時間取得という前代未聞の快挙を達成した（持ち帰り仕事も一切していない）。3児の父であり、妻も小学校教員である。

@megane654321

その指導は、しない

2021（令和３）年７月12日　初版第１刷発行
2021（令和３）年８月27日　初版第３刷発行

著　　者：めがね旦那

発 行 者：錦織圭之介

発 行 所：株式会社　東洋館出版社

〒113-0021　東京都文京区本駒込５丁目16番７号
営業部　TEL：03-3823-9206
　　　　FAX：03-3823-9208
編集部　TEL：03-3823-9207
　　　　FAX：03-3823-9209
振替　00180-7-96823
URL　https://www.toyokan.co.jp

［装　丁］三森健太
［イラスト］白井匠（白井図画室）
［印刷・製本］岩岡印刷株式会社

ISBN978-4-491-04554-2 / Printed in Japan